Riquezas reales

La prosperidad según Dios

David W. Jones y
Russell S. Woodbridge

EDITORIAL PORTAVOZ

La misión de *Editorial Portavoz* consiste en proporcionar productos de calidad —con integridad y excelencia—, desde una perspectiva bíblica y confiable, que animen a las personas a conocer y servir a Jesucristo.

Título del original: *Health, Wealth & Happiness? How the Prosperity Gospel Overshadows the Gospel of Christ, abridged edition* © 2014 David W. Jones y Russell S. Woodbridge y publicado por Kregel Publications, una división de Kregel, Inc., 2450 Oak Industrial Dr. NE, Grand Rapids, MI 49505. Traducido con permiso.

EDITORIAL PORTAVOZ
2450 Oak Industrial Dr. NE
Grand Rapids, MI 49505 USA
Visítenos en: www.portavoz.com

ISBN 978-0-8254-5671-8 (rústica)
ISBN 978-0-8254-6509-3 (Kindle)
ISBN 978-0-8254-8658-6 (epub)

1 2 3 4 5 edición / año 24 23 22 21 20 19 18 17 16 15

Impreso en Colombia
Printed in Colombia

Contenido

INTRODUCCIÓN

Inés, una contadora en Florida, escuchó atentamente a los predicadores de la prosperidad por televisión. Oyó su mensaje: "Sé fiel en dar dinero y Dios te recompensará económicamente". Inspirada por su mensaje y por su ejemplo, Inés envió dinero a varios ministerios. Esperó y esperó, pero la recompensa financiera nunca llegó. Como muchos otros, pensó, al principio, que no tenía suficiente fe para recibir la bendición financiera de Dios. Más tarde, se dio cuenta de que las promesas de los predicadores de la prosperidad eran totalmente falsas. Actualmente, Inés está comprensiblemente enojada, amargada y desilusionada.

Kevin también está desilusionado. Paralizado de la cintura para abajo debido a un defecto congénito de nacimiento, él quiere caminar. De niño se enteró de que un curandero religioso venía a una ciudad cercana, y suplicó a sus padres que lo llevaran a la cruzada. Allí, Kevin escuchó el mensaje de que si tenía suficiente fe, sería sanado. Sin embargo, sus esperanzas para la curación se desvanecieron pronto cuando los ujieres en la cruzada le impidieron estar en la parte delantera, a pesar de su condición de discapacitado. Hoy, Kevin permanece en su silla de ruedas, decepcionado, pero con vida, a diferencia de otros que dejaron sus tratamientos médicos después de ser "sanados" en una cruzada del evangelio de la prosperidad y, en raros casos, murieron poco después.

Si bien estos ejemplos pueden ser sensacionalistas en cuanto a los defectos del evangelio de la prosperidad, hay otros muchos ejemplos cotidianos. Las iglesias están llenas de personas que ven con frecuencia a los maestros del evangelio de la prosperidad por televisión. Los espectadores envían dinero porque aprecian la enseñanza positiva y porque les vendría bien un poco más de dinero para pagar sus cuentas. Cuando no se produce un aumento de ingresos, estos donantes piensan que el problema está en su propia falta de fe, o se decepcionan y se enojan con Dios.

¿Qué pasó? ¿Cómo fue que cristianos creyentes en la Biblia llegaron a creer que Dios es un medio para alcanzar el éxito personal y la prosperidad material? Con el paso de los años, el mensaje predicado en algunas de las iglesias más grandes en el mundo ha cambiado. Hoy día se enseña un nuevo evangelio que omite a Jesús y descuida la cruz.

En vez de prometer a Cristo, este evangelio promete salud y riquezas. Dice a los cristianos que se digan a sí mismos que todo lo que toquen va a prosperar. Según este nuevo evangelio, si los creyentes repiten confesiones positivas, enfocan sus pensamientos y generan suficiente fe, Dios hará descender bendiciones sobre sus vidas. Este nuevo evangelio afirma que Dios desea e incluso promete que los creyentes vivirán una vida saludable y económicamente próspera.

Este es el mensaje central de lo que se conoce como el evangelio de la prosperidad. A este evangelio le han dado muchos nombres, tales como el evangelio de "menciónelo y reclámelo", el evangelio de "salud y riquezas", el movimiento de la "palabra de fe" y "la teología de la confesión positiva". No importa el nombre que se utilice, la enseñanza es la misma.

Los pastores de algunas de las iglesias más grandes de Estados Unidos proclaman el evangelio de la prosperidad. A través de la Internet, la televisión y la radio, el evangelio de la prosperidad llega a millones en todo el mundo cada día. Uno podría pensar que la mayoría de los cristianos que creen en la Biblia rechazarían el evangelio de la prosperidad, pero no es así. El evangelio de la prosperidad se está extendiendo y echando raíces en muchas iglesias evangélicas por medio de un mensaje atractivo, pero fatal: acepta a Dios y Él te bendecirá, porque te lo mereces.

La atracción de esta enseñanza cruza las barreras raciales, de género, de denominación e internacionales. El evangelio de la prosperidad sigue extendiéndose en África, América del Sur, India y Corea, entre otros muchos lugares. Hay al menos otras siete razones específicas que explican por qué el evangelio de la prosperidad es más influyente que nunca, tanto en los Estados Unidos como en el resto del mundo.

Primera, el evangelio de la prosperidad contiene algo de verdad bíblica, aunque muy distorsionada.

Segunda, el evangelio de la prosperidad apela al deseo natural humano de ser exitoso, de tener buena salud y de contar con seguridad financiera. Esos deseos no son inherentemente pecaminosos; sin embargo, pueden llegar a serlo si suplantan nuestro propio deseo de Dios.

Tercera, el evangelio de la prosperidad promete mucho y exige poco, y retrata a Jesús como alguien que puede ayudar a los creyentes a ayudarse a sí mismos. En vez de presentar a Jesús como el que hizo posible la reconciliación de la humanidad con Dios, los predicadores de la prosperidad tienden a presentar a Jesús como la solución para sus necesidades materiales.

Cuarta, muchos promotores del evangelio de la prosperidad han cultivado una personalidad atractiva y una presentación refinada de su mensaje. Dado que muchos cristianos modernos valoran el estilo por encima del contenido, esos predicadores encuentran que la iglesia contemporánea es un terreno fértil para su ministerio.

Quinta, muchos seguidores del evangelio de la prosperidad tienen poco conocimiento de la doctrina bíblica. Por tanto, están listos para aceptar las enseñanzas distorsionadas de los predicadores de la prosperidad.

Sexta, muchos han experimentado el éxito y la curación (o, al menos, afirman que lo han hecho) y lo atribuyen a las enseñanzas del evangelio de la prosperidad, "validando" de esta manera su mensaje. Los cristianos modernos tienden a ser, por naturaleza, pragmáticos y sacan la conclusión errónea de que si un método funciona, debe de ser legítimo.

Séptima, muchas personas dentro de la iglesia moderna carecen de un sentido general de discernimiento, ya que están más influenciadas por la cultura secular que por las Escrituras. Los cristianos consideran el éxito en términos de condición social, riqueza y posición económica, en lugar de santidad, fidelidad y obediencia a Dios.

Una teología incorrecta dará lugar a creencias erróneas acerca de Dios, su Palabra y su trato con la humanidad. Lo que es más importante, el evangelio debe ser proclamado correctamente porque es una cuestión de vida o muerte para aquellos que no creen. Enseñar o confiar en un evangelio falso tiene consecuencias eternas.

Queremos informarle sobre el movimiento del evangelio de la prosperidad y capacitarle para que pueda ayudar a aquellos que han permitido que este evangelio sustituya al evangelio de Cristo. Aunque este libro no responderá a todas las preguntas que se pueden hacer sobre el evangelio de la prosperidad, confiamos en que servirá como una introducción apropiada que mostrará a muchos lectores la bancarrota del evangelio de la prosperidad.

1

La historia del evangelio de la prosperidad

En todas las áreas de la vida, fallar en considerar la historia puede tener profundas implicaciones para el presente y el futuro. La historia puede ser una fuente de instrucción y sabiduría para el cristiano. El verdadero cristianismo es intrínsecamente histórico, basado en hechos sobrenaturales en la historia y en la persona histórica de Jesucristo. Las Escrituras, tanto el Antiguo como el Nuevo Testamento, revelan a Dios llevando a cabo sus propósitos en la historia.

La historia también nos ayuda a interpretar las Escrituras y formar las doctrinas. Cuando estudiamos lo que los primeros cristianos creían, podemos aprender de sus formulaciones doctrinales. En cuanto a la doctrina, lo más nuevo no es siempre, o incluso por lo general, lo mejor. Es alentador cuando nos damos cuenta de que nuestras creencias esenciales no son nuevas; los primeros cristianos formularon esas mismas creencias basándose en las Escrituras.

A lo largo de la historia, las ideas novedosas han dado lugar a movimientos que finalmente se desvanecieron, pero luego resurgieron en una forma nueva, ligeramente modificada. Eso también se aplica al evangelio de la prosperidad, el cual se basa en una herejía casi cristiana conocida como el movimiento del Nuevo Pensamiento, una ideología que ganó popularidad a finales del siglo XIX y principios del XX.[1] El evangelio de la prosperidad consiste en gran parte de las ideas del movimiento del Nuevo Pensamiento ligeramente modificadas con nuevas caras, nuevas tecnologías, nuevos escenarios y un mensaje algo retocado.

> El verdadero cristianismo es intrínsecamente histórico, basado en hechos sobrenaturales en la historia y en la persona histórica de Jesucristo.

El movimiento del Nuevo Pensamiento

El movimiento del Nuevo Pensamiento comenzó en el siglo XIX y fue conocido como Ciencia Mental o Armonialismo. En 1895, un grupo del Nuevo Pensamiento en Boston definió su propósito de "promover el interés y la práctica de una verdadera filosofía y un modo de vida y felicidad; demostrar que, a través del pensamiento correcto, los ideales más elevados de la persona pueden llevarse a cabo en el presente; y promover el tratamiento inteligente y sistemático

1. El Nuevo Pensamiento es una adaptación de una herejía mucho más antigua conocida como el gnosticismo y la creencia platónica de que las ideas representan la verdadera realidad.

de la enfermedad mediante métodos espirituales y mentales".[2] Aunque no era una iglesia o denominación, el movimiento del Nuevo Pensamiento se caracterizó por creencias religiosas que no se encuentran en las Escrituras. Por ejemplo, dicen que Dios es una fuerza; el espíritu o la mente es la realidad suprema; los seres humanos son divinos; la enfermedad se origina en la mente; y los pensamientos pueden crear y cambiar la realidad. El psicólogo y filósofo estadounidense William James señaló en 1905 que el Nuevo Pensamiento tomó sus ideas no solo de los Evangelios, sino también del hinduismo, el idealismo filosófico, el trascendentalismo, la evolución de la ciencia popular y el espíritu optimista de progreso. El Nuevo Pensamiento fue una combinación de filosofías paganas.[3]

A fin de entender los errores del evangelio de la prosperidad, examinaremos los escritores más influyentes de ese movimiento, entre ellos Emanuel Swedenborg, Phineas Quimby, Ralph Waldo Trine y Norman Vincent Peale. Al resumir sus ideas, veremos con claridad que las ideas del Nuevo Pensamiento impregnan este evangelio.

EMANUEL SWEDENBORG: ABUELO DEL NUEVO PENSAMIENTO

Emanuel Swedenborg (1688-1772) fue un importante científico e inventor sueco del siglo XVIII. Es conocido por sus contribuciones en los campos de

2. Horatio W. Dresser, *The Spirit of the New Thought: Essays and Addresses by Representative Authors and Leaders* (Nueva York: Thomas Y. Crowell, 1917), vi.
3. William James, *The Varieties of Religious Experience* (Londres: Longmans, Green, and Co., 1905), 95.

las matemáticas, la astronomía, la economía, la teoría política y la medicina; sin embargo, su contribución más significativa y duradera fue en el campo religioso. Después de una década de búsqueda del alma humana, informó que Dios se le había aparecido y le había dicho que publicara una nueva doctrina para la iglesia, lo cual hizo en su obra titulada *Heavenly Secrets* [Secretos celestiales]. Swedenborg reclamó para sí el título de "El revelador singular del Señor". En esta capacidad afirmó haber dialogado con el apóstol Pablo durante un año, haber hablado centenares de veces con el reformador Martín Lutero y, en al menos una ocasión, haber hablado personalmente con Moisés. Además, aseguró ser un vidente que, durante un período de veintisiete años, poseyó el poder de contemplar el cielo, el infierno y otras dimensiones del mundo de los espíritus.

Junto con sus afirmaciones de revelaciones extrabíblicas, él también rechazó creencias cristianas ortodoxas como la doctrina de la Trinidad, la deidad de Jesucristo y la salvación por gracia por la sola fe. El examen de las obras principales de Swedenborg pone de manifiesto que su doctrina incluye, entre otras cosas, la creencia en Dios como una fuerza mística, la idea de que la mente humana tiene la capacidad de controlar el mundo físico, y la enseñanza de un plan de salvación personal basado en obras; ideas que más tarde se convirtieron en doctrinas básicas del Nuevo Pensamiento. En la raíz de estas enseñanzas se encuentra la creencia de que la naturaleza fundamental de la realidad se basa en lo que no es físico, lo espiritual o, simplemente, en la mente. Muchos de los escritos de Swedenborg fueron ampliamente leídos en Estados Unidos y, con el tiempo, sus enseñanzas influyeron en individuos que fundaron lo que llegó a conocerse como el movimiento del Nuevo Pensamiento.

PHINEAS QUIMBY: PADRE DEL NUEVO PENSAMIENTO

Phineas Parkhurst Quimby (1802-1866), el padre intelectual del Nuevo Pensamiento, fue un relojero de profesión hasta que descubrió el dudoso arte del mesmerismo o hipnotismo. Quimby conoció a un hombre llamado Lucius Burkmar, que parecía tener poderes de clarividencia cuando estaba hipnotizado. En ese estado, Burkmar parecía tener la capacidad de diagnosticar con precisión diversas enfermedades. La observación dc este fenómeno llevó a Quimby a explorar y a desarrollar la idea de la curación mental. La base de la teoría de Quimby fue el concepto de que la mente posee la capacidad de crear e influenciar. Quimby afirmaba que podía hacer que una persona dejara de caminar, simplemente, por pensar o visualizar esa situación. Al final, Quimby dijo haber desarrollado sus propios poderes clarividentes y se convirtió en un famoso hipnotizador.

Quimby creía que la enfermedad es la consecuencia de una perturbación de la mente; por tanto, la enfermedad es realmente mental y la cura consiste en corregir un razonamiento falso o error en la mente. Quimby afirmó: "Si creo que estoy enfermo, entonces estoy enfermo, porque mis sentimientos son mi enfermedad y mi enfermedad es lo que creo y mi creencia es mi mente. Por tanto, todas las enfermedades están en la mente o en las creencias".[4] Al igual que Swedenborg, Quimby creía que la mente crea y controla la realidad. Con esta teoría, Quimby ayudó a establecer las bases para el Nuevo Pensamiento.

Quimby y otros maestros del Nuevo Pensamiento pusieron poco énfasis en el mundo físico. La idea de que la mente es el poder supremo que da forma a la realidad llevó a Quimby a negar la resurrección corporal de Jesús. Si la mente o lo espiritual es bueno y la materia es mala, no tiene mucho sentido que Jesús fuera a resucitar con un cuerpo físico. Quimby también sostenía que Jesús era solo un hombre que tenía ideas superiores. Para curar a la gente, Jesús, simplemente, cambió sus mentes con sus enseñanzas, el método que el mismo Quimby practicaba. La influencia duradera de Quimby se estableció por medio de sus pacientes y estudiantes, que tomaron su filosofía básica de la curación mental y la desarrollaron para sus propios fines.

Entre los influenciados por Quimby estaban Warren Felt Evans (1817-1889), que se convirtió en un prolífico escritor de la filosofía del Nuevo Pensamiento; Mary Baker Eddy, quien escribió *Ciencia y salud con clave de las Escrituras*, fundó la Primera Iglesia de Cristo, Científico, y dio a luz una de las mayores sectas cristianas, conocida como la Ciencia Cristiana; y Julius Dresser que llevó a cabo clases de curación basadas en las enseñanzas de Quimby y se dedicó a la organización formal del Nuevo Pensamiento.

A partir de 1899, diferentes grupos del Nuevo Pensamiento celebraron convenciones en todos

---

4. Phineas Quimby, *The Quimby Manuscripts*, 2a ed., ed. Horatio Dresser (Nueva York: Thomas Y. Crowell, 1921), 186.

los Estados Unidos, y en 1914 se formó la Alianza Internacional del Nuevo Pensamiento a fin de servir a los seguidores de todas las ramas de ese movimiento, que incluían grupos como la Ciencia Cristiana fundada por Eddy y la Escuela Unida del Cristianismo fundada por Charles Fillmore.

RALPH WALDO TRINE: EL EVANGELISTA DEL NUEVO PENSAMIENTO

A comienzos del siglo XX, comenzaron a aparecer numerosos libros que incorporaron ideas del Nuevo Pensamiento con el objetivo de ayudar a las personas a alcanzar la salud y el éxito. En esas obras se pueden distinguir algunos de los elementos clave y recurrentes del evangelio de la prosperidad: hablar las palabras correctas, invocar una ley universal del éxito con las palabras y tener fe en uno mismo.

De todos los principales escritores del Nuevo pensamiento del siglo XX, Ralph Waldo Trine (1866-1958) fue el más prolífico. Su obra *En armonía con el infinito: Plenitud de paz, poder y abundancia,* publicada por primera vez en 1897, llegó a vender millones de ejemplares y fue traducida a más de veinte idiomas. Las obras de Trine eran muy populares, incluso entre muchos cristianos profesantes. Lamentablemente, el examen de las obras de Trine revela que sus creencias no estaban basadas en la Biblia.

Primero, Trine rechazó la singularidad de la Biblia al afirmar que los escritos de Buda también fueron divinamente inspirados.

Segundo, Trine abogó por el pluralismo teológico, pues él no creía que la fe en Jesucristo, o en cualquier otro salvador en particular, fuera el único medio de salvación. Por el contrario, afirmó que todas las religiones llevan a Dios.

Tercero, aunque Trine mencionó a Jesucristo en todas sus obras, él estaba más interesado en las enseñanzas morales de Jesús que en su persona y obra. En su éxito de librería, *En armonía con el infinito*, no hay ninguna mención del pecado, del arrepentimiento o del evangelio.

Por último, él afirmaba que el camino hacia la paz con Dios radicaba en ser consciente de la unidad con el Padre. Cuando la gente alcanzaba este nivel, Trine creía que la fuerza y las leyes que gobiernan el universo se encontraban dentro de sus facultades, porque inteligencia y poder infinitos podían obrar a través de ellos.

Norman Vincent Peale: Pastor del Nuevo Pensamiento

Otro conocido defensor del Nuevo Pensamiento fue Norman Vincent Peale (1898-1993), pastor de la Iglesia Marble Collegiate de Nueva York. Él llegó a ser muy conocido por su libro *El poder del pensamiento tenaz* (1952) que popularizó las ideas y las técnicas del Nuevo Pensamiento en Estados Unidos. Si bien los escritos de Peale tienen un barniz más bíblico que las obras de algunos otros autores del Nuevo Pensamiento, es evidente que la filosofía del Nuevo Pensamiento tuvo en él una gran influencia. Peale admite que leyó las obras de varios maestros de metafísica, a quienes cita a menudo en sus libros.

Por su propia admisión, Peale buscaba un "mensaje práctico y específico para los seres humanos modernos que realmente funcionara cuando fuera necesario".[5] A pesar de que él aseguró que reafirmaba las enseñanzas del cristianismo ortodoxo, sus escritos reflejan una visión mucho más optimista de la humanidad que la que encontramos en la Biblia, lo que demuestra un grave problema con el evangelio de la prosperidad, pues combina peligrosamente ideas bíblicas con el pensamiento secular.

LOS PILARES DE LA FILOSOFÍA DEL NUEVO PENSAMIENTO

En parte, debido a la capa de barniz cristiano que sus fundadores le dieron a menudo, el Nuevo Pensamiento tuvo éxito en los Estados Unidos a pesar de carecer de raíces bíblicas. Examinemos ahora cinco principios básicos del Nuevo Pensamiento que tuvieron un impacto en el evangelio de la prosperidad.

PRIMER PILAR: VISIÓN DISTORSIONADA DE DIOS

Aunque no todos los escritores del Nuevo Pensamiento tienen exactamente el mismo punto de vista sobre Dios, lo cierto es que sus enseñanzas generales acerca de Dios se apartan de la doctrina bíblica de Dios. Esta diferencia se puede demostrar mediante tres observaciones.

Primera, la mayoría de los maestros del Nuevo Pensamiento rechazan la doctrina cristiana, ortodoxa e histórica sobre la Trinidad. En su lugar, aceptan a Dios en su unicidad y niegan que Dios sea tres personas distintas al mismo tiempo.

Segunda, muchos defensores del Nuevo Pen-

5. Norman Vincent Peale, *The Tough-Minded Optimist* [*El optimista tenaz*] (Nueva York: Fireside, 2003), 29. Publicado en español por Ediciones Obelisco.

samiento proponen que Dios y el mundo son una misma sustancia o que el mundo es simplemente una extensión de Dios.

Tercera, y más común entre los partidarios del Nuevo Pensamiento, es la idea de que Dios es una fuerza vital impersonal o energía creativa que debe aprovecharse a fin de tener éxito.

Estas enseñanzas reflejan con mayor exactitud el concepto de Dios en el hinduismo que la doctrina bíblica de Dios. Puesto que el Nuevo Pensamiento cree que el mundo emana de Dios y que todo lo creado es hasta cierto punto parte de Dios, no es de extrañar que esta filosofía conciba a Dios como una fuerza impersonal, como sustancia o energía creadora, el espíritu infinito o el dador de vida. Supuestamente, esta fuerza benéfica está presente en todo el universo y establece las leyes universales que gobiernan la vida. Estas leyes universales establecen que hay una fuerza o energía que llena el universo y que la persona debe absorberla con el fin de convertirse en alguien próspero y saludable.

La tarea del creyente del Nuevo Pensamiento consiste, pues, en aprovechar las leyes universales ya existentes para beneficio de la humanidad. Esas leyes o ideas definen la realidad; sin embargo, si las ideas son la realidad suprema, el mundo material es una ilusión maleable. En última instancia, la meta del Nuevo Pensamiento es aprovechar las ideas universales o fuerzas cósmicas.

Segundo pilar: Elevación de la mente sobre la materia

El Nuevo Pensamiento sostiene que el uso provechoso de la mente o de los pensamientos es la clave para alcanzar el éxito, y define los pensamientos como las fuerzas que pueden y crean verdaderamente la realidad. Cuando una persona se abre a la influencia divina y comienza a reconocer las leyes universales, puede enfocar los pensamientos para lograr un estado deseado de cosas. Según los partidarios del Nuevo Pensamiento, este es el gran secreto de la vida: si usted piensa de cierta manera, puede cambiar la realidad. Esto es así porque los pensamientos, el espíritu y la mente son lo único real, mientras que el mundo físico es una ilusión. En otras palabras, la mente es mucho más importante que la materia.

Puesto que la mente es la clave para el éxito, los escritores del Nuevo Pensamiento destacan el papel de la mente y sus poderes místicos. Según el Nuevo Pensamiento, la clave del éxito consiste en pensar los pensamientos correctos, puesto que determinan el resultado de su situación. La razón por la que la gente no tiene éxito ni salud es porque tienen pensamientos negativos. No están en armonía con las leyes universales o las fuerzas sobrenaturales que están disponibles para la humanidad.

Los maestros del Nuevo Pensamiento creen que existen leyes que funcionan en el universo, en particular, la ley de la atracción y la idea de que las personas atraen las cosas en las que piensan. Si los seres humanos pueden llegar a ser uno con el Infinito, entender las leyes y enfocar sus pensamientos, cosas buenas sucederán. El poder de tener éxito está dentro de cada persona; esta solo tiene que dirigirlo hacia pensamientos positivos y el éxito se convertirá en una realidad. En otras palabras, visualice lo que quiere y medite sobre esa imagen, y usted creará esa realidad.

Los defensores del Nuevo Pensamiento enseñan que la mente —debidamente orientada— es la clave para aprovechar el poder divino que está presente en todo el universo. Mediante la implementación de este proceso, que exalta a la humanidad y degrada a Dios, los seres humanos tienen el poder para conseguir lo que desean, es decir, el éxito y la prosperidad en todos los ámbitos de la vida. Según el Nuevo Pensamiento, la verdad del poder de la mente sobre la materia es el secreto para controlar la propia vida e incluso cambiar el futuro. Los poderes potenciales que el Nuevo Pensamiento atribuye a una persona hacen que él o ella sean semejantes a dioses.

Tercer pilar: Visión exaltada de la humanidad

La literatura del Nuevo Pensamiento revela una filosofía centrada en los seres humanos que afirma que las personas son seres espirituales, intrínsecamente buenas, con la posibilidad de un estado semejante a lo divino, si no de naturaleza divina. Las personas deben armonizar con la energía divina o con el Espíritu Infinito por medio de un pensamiento orientado correctamente. Esa aceptación de la naturaleza divina se define como una conciencia mística de ser uno con Dios, el cual es la fuerza y el poder de la vida. En la terminología del Nuevo Pensamiento, la gente debe abrirse a la influencia divina. A través de ese encuentro, la persona no solo se hace una con Dios, sino también se convierte en un dios. En el marco del Nuevo Pensamiento, no hay mucho que distinga a los humanos del Creador. La clave del éxito es reconocer que usted es un ser espiritual que es capaz de aprovechar las leyes espirituales que gobiernan el universo.

Por supuesto, a la luz de la enseñanza de que los seres humanos pueden convertirse en dioses, no se hace ninguna mención sobre el pecado y la redención en el Nuevo Pensamiento. Dado que los partidarios de esta filosofía no reconocen la deidad de Jesús, ni la maldad intrínseca de la humanidad, la redención es imposible e innecesaria. Si las personas son esencialmente dioses, ¿qué tipo de redención es la que realmente necesitan? En el Nuevo Pensamiento no hay lugar para un Salvador sin pecado que murió en la cruz para hacer expiación por los pecados. Los seres humanos pueden salvarse a sí mismos de sus circunstancias mediante el uso de la energía divina en el universo. Ellos tienen, después de todo, el control de su destino.

La creencia del Nuevo Pensamiento en la deificación de los seres humanos es coherente con su creencia de que todo es uno y uno es todo. Si toda la creación es parte de Dios o una extensión de Dios, por ende la gente es divina. Para ser claros, el Nuevo Pensamiento no enseña que las personas son divinas como resultado de la morada del Espíritu Santo, o como consecuencia de haber sido hechos a imagen de Dios. Este movimiento sostiene que Dios no es distinto de la creación y que es una sustancia impersonal que da vida y energía a toda la realidad. No hay distinción entre Dios y la gente. Si la persona logra esa unidad con la fuerza cósmica divina, a través de una adecuada orientación de los pensamientos, la salud y las riquezas estarán a su disposición.

CUARTO PILAR: ÉNFASIS EN LA SALUD Y LAS RIQUEZAS

El Nuevo Pensamiento cree que Dios es una fuerza vital e impersonal, que la mente controla la materia, y que las personas son dioses (o, al menos, pueden llegar a serlo). Mediante la aplicación práctica, ya que la mente humana es todopoderosa, eso significa que los pensamientos juegan un papel vital tanto en permitir como en eliminar las enfermedades corporales, así como afectar en gran medida el logro del éxito financiero.

Según el Nuevo Pensamiento, si uno está debidamente conectado con el Infinito, la enfermedad no debe manifestarse. ¿Cómo llega a enfermarse una persona, especialmente, un seguidor del Nuevo Pensamiento? Dado que el Espíritu Infinito no puede admitir la enfermedad en el cuerpo, el culpable debe de ser su propia mente; la persona rompió una ley universal, tanto si lo hizo o no a propósito.

El Nuevo Pensamiento sugiere que las personas se enferman a causa de los pensamientos negativos o porque no están en armonía con el Infinito. Las personas *permiten* que la enfermedad entre en sus cuerpos, dando así el poder a la enfermedad. La solución para la enfermedad consiste en pensar que uno está sano y en tener fe en que la ley de la atracción funcionará. En otras palabras, la cura para la enfermedad es simplemente una aplicación de la mente sobre la materia.

No sorprende que esta enseñanza de la curación mental se remonte a Emanuel Swedenborg, el abuelo del Nuevo Pensamiento, el cual equiparó la enfermedad con la ignorancia. Swedenborg escribió: "La enfermedad es simplemente un mal que, a causa del pecado, del error o de fallos del entendimiento, ataca al hombre temporal o irreal; el hombre espiritual no puede tener conocimiento de la enfermedad".[6] Las personas son espíritus o, dicho de otra manera, mentes atrapadas en cuerpos físicos. Puesto que la realidad es la mente, nada puede invadir o atacar a la gente, a menos que haya algo erróneo en su forma de pensar.

El Nuevo Pensamiento promete no solo la buena salud con el pensamiento correcto, sino también la prosperidad económica y el éxito personal. Ya sea que el tema esté relacionado con la salud o las riquezas, el método es el mismo: controle los pensamientos y el éxito se materializará. Visualice y medite sobre las riquezas y, finalmente, la prosperidad vendrá.

En la filosofía del Nuevo Pensamiento, la realización personal no es posible sin dinero. Todo existe con el fin de ayudar a las personas en su búsqueda de dinero. ¿Cómo puede una persona usar las cosas de manera libre y sin restricciones? Mediante el uso adecuado de la mente y el ejercicio de la fe. Los pensamientos realizan los deseos en la esfera física. La persona tiene que formar imágenes mentales claras de lo que desea, ya sea una casa, un trabajo, o algún tipo de éxito personal. Este pensamiento positivo es, pues, el método correcto para alcanzar las riquezas materiales.

Según los escritores del Nuevo Pensamiento, para alcanzar la salud y las riquezas, es necesario formarse una imagen mental clara y distintiva de la salud y las

6. Martin A. Larson, *New Thought; or, a Modern Religious Approach: The Philosophy of Health, Happiness, and Prosperity* (Nueva York: Philosophical Library, 1985), 38.

riquezas para luego tomar posesión mental de esa imagen. La persona debe tener fe en que el objeto de su deseo ya es suyo. Si quiere estar sano y ser rico, tiene que entender que la salud y las riquezas son su derecho y tener pensamientos positivos sobre su salud y riqueza. Dentro del sistema del Nuevo Pensamiento, la única razón por la que una persona no tiene la salud y las riquezas que desea es porque piensa incorrectamente. Puesto que sus pensamientos e, incluso, sus palabras crean la realidad, basta con visualizar, creer y hablar las palabras correctas repetidas veces y verá que sus circunstancias cambian.

Quinto pilar: Punto de vista heterodoxo sobre la salvación

A la luz de los anteriores cuatro pilares, tal vez no sea sorprendente observar que los escritores del Nuevo Pensamiento abogan por una salvación por obras. Sin embargo, muchos escritores del Nuevo Pensamiento van más allá de la defensa de la salvación por obras y niegan, de forma absoluta, la doctrina histórica y ortodoxa de la salvación por gracia mediante la fe. Según el Nuevo Pensamiento, la religión no es la redención del pecado, sino simplemente el proceso de aprender a amar al prójimo. Jesús no era el Hijo de Dios, sino solo un hombre religioso cuyo espíritu fue levantado de entre los muertos.

La filosofía del Nuevo Pensamiento rechaza la singularidad de Jesús como el único camino de salvación. El resultado final es que todas las religiones son esencialmente iguales porque ofrecen al hombre la oportunidad de descubrir al Infinito. Según el Nuevo Pensamiento, la verdadera religión será atractiva para todos y no será repulsiva para nadie. El evangelio del Nuevo Pensamiento es aceptable para todos, porque omite el pecado y permite que cada persona defina el evangelio para sí misma. La salvación es una experiencia mística generada por uno mismo con el Infinito, lo que lleva a canalizar la influencia divina para la salud, las riquezas, la felicidad y el éxito personal.

CONCLUSIÓN

Aunque el Nuevo Pensamiento fue aceptado y adoptado por algunos que decían ser cristianos, es evidente que las ideas del Nuevo Pensamiento no tienen sus raíces en la Biblia, sino que ha asimilado ideas propias del hinduismo, la filosofía oriental, el ocultismo y, en general, el enfoque pagano de la vida centrado en los seres humanos. El Nuevo Pensamiento distorsiona la doctrina bíblica de Dios, hace hincapié en la mente sobre la materia y exalta a los seres humanos, hasta el punto en que pueden llegar a ser como dioses o divinos en naturaleza. Además, el Nuevo Pensamiento enseña que la clave para la salud y las riquezas radica en pensar, visualizar y hablar las palabras correctas. Dentro de este sistema egocéntrico, no hay lugar para la vida, muerte y resurrección de Jesús.

Si bien las diferencias entre el Nuevo Pensamiento y la doctrina cristiana deberían ser obvias, para muchos creyentes las líneas son borrosas. Una razón para esto se debe a que las ideas del Nuevo Pensamiento suelen enseñarse con palabras bíblicas y se justifican mediante la distorsión de las Escrituras. Muchos de los defensores del Nuevo Pensamiento eran expertos en tomar ideas paganas y envolverlas con vocabulario bíblico.

Resumen de enseñanzas

- El evangelio de la prosperidad se basa en una herejía casi cristiana que fue popular a finales del siglo XIX y comienzos del XX, conocida como el Nuevo Pensamiento.
- Los pensadores clave del Nuevo Pensamiento incluyen a Emanuel Swedenborg, Phineas Quimby, Ralph Waldo Trine y Norman Vincent Peale.
- El Nuevo Pensamiento se caracteriza por una visión distorsionada de Dios, una elevación de la mente sobre la materia, una visión exaltada de la humanidad, un énfasis en la salud y las riquezas, y una visión heterodoxa de la salvación.
- El Nuevo Pensamiento enseña que la clave para la adquisición de salud y riquezas es pensar, visualizar y hablar las palabras correctas.
- Las ideas del Nuevo Pensamiento se suelen enseñar mediante el uso de vocabulario bíblico y justificar mediante la distorsión de las Escrituras.

2

Los errores del evangelio de la prosperidad

Los cristianos maduros creen lo que concuerda con la Biblia y evalúan todas las enseñanzas a la luz de la Palabra de Dios. Sin embargo, los creyentes inmaduros y los impostores usan las Escrituras para justificar sus ideas preconcebidas en vez de permitir que el texto moldee sus creencias. Esa práctica es referida a menudo como "usar el texto como pretexto".

A pesar de las buenas intenciones de algunos de sus partidarios, el evangelio de la prosperidad está construido sobre una visión equivocada de Dios y de la Biblia. Muchas de las doctrinas de los maestros del evangelio de la prosperidad son sencillamente erróneas. Si bien está fuera del alcance de este libro examinar todas las doctrinas asociadas con el evangelio de la prosperidad, un examen breve de varias doctrinas fundamentales de esa fe ilustrará la naturaleza y el alcance de los errores teológicos dentro de ese movimiento. Las enseñanzas específicas del evangelio de la prosperidad que analizaremos en este capítulo son el evangelio, la fe, la expiación, el pacto abrahámico, la mente, la oración, la Biblia y el acto de dar.

LOS CRISTIANOS MADUROS CREEN LO QUE CONCUERDA CON LA BIBLIA Y EVALÚAN TODAS LAS ENSEÑANZAS A LA LUZ DE LA PALABRA DE DIOS.

LA TEOLOGÍA DE LA PROSPERIDAD Y EL EVANGELIO

El evangelio bíblico es el núcleo del mensaje cristiano. Correctamente predicado y bien entendido, el evangelio puede transformar el corazón del no creyente. Pero cuando el evangelio se predica incorrectamente y se comprende erróneamente, puede llevar a los fieles por mal camino o dejar a los ciegos en su estado caído. Sin una clara comprensión del evangelio, los creyentes no estarán preparados para evaluar el evangelio de la prosperidad o para identificar los errores de ese movimiento. Así, pues, ¿qué es el evangelio bíblico?

El apóstol Pablo define y explica el evangelio en 1 Corintios 15:3-4: "Porque yo les entregué en primer lugar lo mismo que recibí: que Cristo (el Mesías) murió por nuestros pecados, conforme a las Escrituras; que fue sepultado y que resucitó al tercer día, conforme a las Escrituras".

El apóstol explica aún más los elementos básicos del evangelio en Romanos 3:21-26 y 2 Corintios 5:11-21. Hay varios elementos dignos de mención en estos pasajes.

Primero, Dios es perfectamente santo y justo (Ro. 3:21); no obstante, en su misericordia y gracia, el Señor escogió salvar a los seres humanos rebeldes y pecadores (Ro. 3:25).

Segundo, cada persona ha pecado contra un Dios santo y merece el infierno (Ro. 3:23). Nadie puede cumplir con las expectativas de perfección de Dios. Nadie es lo suficientemente bueno como para merecer la gracia de Dios, y todos están bajo la ira del Señor y su juicio contra el pecado.

Tercero, el trino Dios envió a Jesús a la tierra para llevar cabo la redención (Ro. 3:24-25). Jesús, siendo completamente Dios y completamente hombre, vivió una vida perfecta y sin pecado, en obediencia a su Padre. Él vivió la vida que nosotros no hemos podido vivir.

Cuarto, Jesús murió voluntariamente en la cruz en lugar de los pecadores. En ese acto de amor, se hizo pecado por nosotros (2 Co. 5:21). Jesús satisfizo la ira de Dios contra el pecado, la ira y el juicio que merecen las personas (Ro. 3:25). Jesús es nuestro sustituto y, con su muerte en la cruz, tomó sobre sí el castigo por nuestros pecados.

Quinto, Dios reconcilió a la humanidad consigo mismo (2 Co. 5:18). La deuda del pecado fue cancelada y los delitos no se imputarán a los que creen. Como Pablo escribió: "En quien tenemos redención: el perdón de los pecados" (Col. 1:14).

Sexto, Dios resucitó a Jesús de entre los muertos para nuestra justificación (Ro. 4:25). Dios demostró por medio de la resurrección que Él aprobó el sacrificio de Jesús y, por tanto, aseguró la salvación para todos los que creen.

Ciertamente, se podría decir mucho más sobre el evangelio, pero lo que es seguro es que Jesús —su vida, muerte, sepultura y resurrección— es el eje central del evangelio. Sin Jesús, sin la cruz y sin la resurrección, no hay evangelio.

La siguiente pregunta es: "¿Cómo puede uno llegar a ser justo delante de Dios?". Una vez más, la Biblia ofrece una respuesta clara. Primero, una persona debe arrepentirse de sus pecados (Hch. 17:30; 26:20). Eso significa reconocer la gravedad del pecado, confesar los pecados ante Dios, y pedirle perdón. El arrepentimiento es más que sentirse apenado; es renunciar a aquello en lo que usted confía para su seguridad y autoestima, y volverse en fe hacia Jesucristo.

Segundo, esa persona debe poner la fe en Jesús y en su obra en la cruz a favor de la humanidad. Pablo llamó a menudo a la gente a confesar a Jesús como Señor y creer en la verdad acerca de Cristo: que Él murió, fue sepultado y resucitó (Ro. 10:10-11; 1 Co. 15:3-4). El apóstol Pablo es muy claro en que la salvación es por la gracia de Dios mediante la fe en Jesucristo (Ro. 3:24; Ef. 2:8). Las personas no ganan la gracia de Dios y no la merecen. La salvación es un don gratuito para todos los que creen, y la promesa de Dios es que todos los que creen serán salvados. Los cristianos son nuevas criaturas creadas en Jesucristo, y ahora pueden entrar a la presencia de Dios sin ser condenados. Los creyentes son libres del poder del pecado y, por el Espíritu Santo, son capaces de agradar a Dios. Estas son las buenas noticias del evangelio.

Aunque la salvación es un don gratuito, viene con exigencias. Escuche las palabras de Jesús a los fariseos: "Si alguien quiere venir conmigo, niéguese a sí mismo, tome su cruz, y sígame. Porque el que quiera salvar su vida (su alma), la perderá; pero el que pierda su vida por causa de Mí y del evangelio (de las buenas nuevas), la salvará" (Mr. 8:34-35). Jesús nunca prometió a sus seguidores una vida fácil. De hecho, les dijo que pensaran en el costo y estuvieran dispuestos a sufrir y morir por confiar en Él (en el capítulo 3, estudiaremos una perspectiva bíblica sobre el sufrimiento).

Confiar en Cristo salva a las personas de la muerte, del juicio y del infierno. Este es, sin duda, un resultado del evangelio, pero no es el fin del evangelio en la vida del creyente. Los creyentes necesitan el poder del evangelio para vivir diariamente para Cristo. El Espíritu Santo ayuda a producir un carácter semejante al de Cristo y el crecimiento en santidad.

¿De qué manera se compara el mensaje del evangelio bíblico con el del evangelio de la prosperidad? Como indicamos en el capítulo anterior, existen varios problemas con el evangelio de la prosperidad. Por ejemplo, los defensores del evangelio de la prosperidad dejan de lado los componentes clave del evangelio bíblico, como Jesús, la cruz, el juicio de Dios y el estado pecaminoso de la humanidad. Si Jesús se queda fuera del evangelio, no hay evangelio. Si la cruz se queda fuera del evangelio, no hay evangelio. Si el juicio de Dios contra el pecado lo dejamos fuera del evangelio, no hay evangelio. Si el pecado de la humanidad queda fuera del evangelio, no hay evangelio. El mensaje de la prosperidad puede ser predicado, y a menudo lo es, sin Jesús.

Además, el evangelio de la prosperidad convierte el evangelio de Cristo en una religión centrada en el hombre. Jesús, durante su ministerio, reservó sus palabras más severas para los líderes religiosos que convirtieron al evangelio bíblico en una religión hecha por el hombre. En el evangelio de la prosperidad, los creyentes dictan los términos de su vida a Dios, a medida que buscan salud, riquezas y otras formas de prosperidad personal. El evangelio de la prosperidad enseña a los creyentes a depender de sus propias obras, pensamientos y esfuerzos, para tener éxito en la vida. El evangelio bíblico muestra que los seres humanos son pecadores y deben confiar en la obra de Jesús en la cruz para ser aceptos en el Amado (Ef. 1:5-6).

El evangelio de la prosperidad no lleva a las personas a Cristo. Por el contrario, los dirige hacia los deseos de la carne, los deseos de los ojos y la vanagloria de la vida (1 Jn. 2:15-17). Para los fieles de la prosperidad, la esperanza se apoya en los logros, los sueños, el dinero y los elogios. Se trata de una comprensión superficial, temporal y poco sólida del mensaje bíblico de esperanza.

EL EVANGELIO DE LA PROSPERIDAD Y LA FE

Si bien los maestros de la prosperidad hablan sobre la fe, su comprensión de lo que es y lo que la fe lleva a cabo difiere de la concepción tradicional y bíblica de la misma. El cristianismo bíblico entiende la fe como la "confianza en la persona de Jesucristo, en la verdad de su enseñanza y en la obra redentora que Él llevó a cabo en el Calvario".[1]

Los defensores de la prosperidad enseñan una doctrina muy diferente. Uno de sus líderes destacados escribe que "la fe es una fuerza espiritual, una energía

1. J. D. Douglas y Merrill C. Tenney, eds., *The New International Dictionary of the Bible* (Grand Rapids: Zondervan, 1987), s.v. "faith".

espiritual, un poder espiritual. Esta fuerza de la fe hace que funcionen las leyes del mundo del espíritu… Hay ciertas leyes que rigen la prosperidad reveladas en la Palabra de Dios. La fe hace que funcionen". Más tarde, en el mismo libro afirma: "Si usted decide… que está dispuesto a vivir en la prosperidad y en la abundancia divina… la prosperidad divina se materializará en su vida. Usted ha ejercitado su fe". Según la teología de la prosperidad, la fe no es un acto teocéntrico de la voluntad, derivado de Dios; es una fuerza espiritual antropocéntrica, dirigida hacia Dios.[2]

Otro predicador prominente anima a las personas a usar frases tales como: "Yo estoy bendecido, soy próspero, estoy sano, crezco continuamente en sabiduría".[3] Una persona tiene que acumular la cantidad adecuada de fe para hacer que Dios actúe a su favor. Esa creencia es semejante a tener fe en uno mismo o, quizás, a tener fe en la fe, en vez de tener fe en Dios.

Otro predicador instruye a sus seguidores a declarar: "Fe en mi fe".[4] Los maestros de la prosperidad creen que, cuando se manifiesta la cantidad correcta de fe, Dios concede la curación y las bendiciones. Esto es así porque Dios está obligado debido a las leyes espirituales universales que se han establecido. La fe es una fórmula mágica que permite a los creyentes obtener lo que desean.

Estas son comprensiones defectuosas, si no heréti-

---

2. Kenneth Copeland, *The Laws of Prosperity* (Fort Worth: Kenneth Copeland Publications, 1974), 19, 41.
3. Joel Osteen, *Become a Better You* [*Lo mejor de ti*] (Nueva York: Free Press, 2007), 131. Publicado en español por Free Press.
4. Kenneth E. Hagin, *Having Faith in Your Faith* (Tulsa: Kenneth Hagin Ministries, 1988), 4.

cas, de la fe. Creer en el evangelio es creer en Jesús y en su poder. Es confiar en la gracia de Dios revelada. En numerosas ocasiones, Jesús sanó a las personas en respuesta a una gran muestra de fe. Considere los siguientes ejemplos:

> Un centurión se acercó a Jesús buscando la curación de un criado paralítico que estaba en su casa. Jesús dijo: "En verdad les digo que en Israel no he hallado en nadie una fe tan grande" (Mt. 8:10). En este caso, Jesús reconoció la fe del centurión, esto es, su confianza en el Mesías prometido para sanar a su siervo e incluso en hacerlo a distancia.
>
> Una mujer que sufría de hemorragias desde hacía doce años pensó que, si podía acercarse y tocar la ropa de Jesús, sería sanada. Ella creía que Jesús tenía poder sobrenatural para sanar. Él dijo: "Hija, ten ánimo, tu fe te ha sanado" (Mt. 9:22). ¿Quién o qué era el objeto de su fe? Fue Jesús y su capacidad para realizar el milagro.
>
> El padre de un muchacho poseído por un demonio se acercó a Jesús y le dijo: "Si Tú puedes hacer algo, ten misericordia de nosotros y ayúdanos". Jesús le respondió: "Todas las cosas son posibles para el que cree" (Mr. 9:22-23). En base a la declaración de fe del padre, es decir, de su fe formada en Él, Jesús sanó a su hijo.

Estos incidentes ilustran la necesidad de fe para la sanidad, pero la fe que se requiere es siempre en Jesús. A diferencia de las enseñanzas del evangelio de la prosperidad, a los creyentes nunca se les manda tener fe en las palabras o en sus propios poderes.

EL EVANGELIO DE LA PROSPERIDAD Y LA EXPIACIÓN

Otra área en la que muchos defensores del evangelio de la prosperidad se equivocan es en su concepto de lo que la muerte de Cristo logró. El teólogo Ken Sarles resume el punto de vista de la prosperidad sobre la expiación: "El evangelio de la prosperidad afirma que la curación física y la prosperidad económica han sido provistas en la expiación".[5]

Un predicador del evangelio de la prosperidad enseña que "el principio básico de la vida cristiana es saber que Dios puso nuestro pecado, enfermedad, tristeza, dolor y pobreza sobre Jesús en el calvario".[6] Esta falta de comprensión de la expiación se deriva de dos errores fundamentales.

Primero, muchos de los que se aferran a la teología de la prosperidad tienen una idea falsa de la vida y ministerio de Cristo. Por ejemplo, algo casi increíble, un maestro de la prosperidad proclamó: "Jesús tenía una casa bonita, una casa grande", "Jesús manejaba grandes cantidades de dinero", y Cristo, incluso, "usaba ropa de diseño".[7] Es fácil ver cómo una visión tan

---

5. Ken L. Sarles, "A Theological Evaluation of the Prosperity Gospel," *Bibliotheca Sacra* 143 (Oct.–Dic. 1986): 339.
6. Kenneth Copeland, *The Troublemaker* (Fort Worth: Kenneth Copeland Publications, 1996), 6.
7. John Avanzini, *Believer's Voice of Victory*, programa en TBN. Citado por Hanegraaff en *Christianity in Crisis* [*Cristianismo en crisis*] (Eugene, OR: Harvest House, 1993), 381. Publicado en español por Unilit.

distorsionada de la vida de Jesús podría llevar a una comprensión igualmente distorsionada de su muerte.

Un segundo error de la teología de la prosperidad, que contribuye a un punto de vista erróneo de la expiación, es una equivocada interpretación de 2 Corintios 8:9. Sin excepción, este es el versículo al que apelan los maestros de la prosperidad para apoyar su interpretación de la muerte de Cristo. El versículo dice: "Porque conocen la gracia de nuestro Señor Jesucristo, que siendo rico, sin embargo por amor a ustedes se hizo pobre, para que por medio de Su pobreza ustedes llegaran a ser ricos" (2 Co. 8:9).

Pablo no enseña que Cristo murió en la cruz con el propósito de aumentar el valor neto de nuestros bienes materiales. De hecho, él, en realidad, enseña todo lo contrario. Por el contexto, queda bien claro que Pablo enseña a los corintios que, puesto que Cristo logró tanto por ellos por medio de la expiación, ellos debían vaciarse a sí mismos de sus riquezas para el servicio del Salvador. Por eso, tan solo cinco versículos más adelante, Pablo exhorta a los corintios a dar sus bienes a sus hermanos necesitados al escribir: "En el momento actual la abundancia de ustedes *suple* la necesidad de ellos... de modo que haya igualdad" (2 Co. 8:14).

Asimismo, la teología de la prosperidad enseña que la muerte de Jesús brinda la curación física. Dos pasajes clave, que se mencionan en apoyo de esta opinión, son Isaías 53:5, que dice: "Y por Sus heridas (llagas) hemos sido sanados", y 1 Pedro 2:24, donde Pedro escribe: "porque por Sus heridas fueron ustedes sanados". Una maestra y autora popular del evangelio de la prosperidad afirma que los creyentes no tienen que soportar la enfermedad porque Jesús ha provisto la curación en la cruz. En una de sus confesiones de sanidad física, ella escribe: "Por sus llagas fui sanada. La sanidad me pertenece. Fui curada hace dos mil años por las llagas que Jesús sufrió. Por sus llagas fui sanada. No trato de conseguir la curación; ya tengo mi curación, porque por sus llagas he sido sanada".[8]

Si se promete la curación física inmediata en la expiación, entonces los creyentes no deberían enfermar en absoluto, o deberían alcanzar la sanidad mediante el ejercicio de la fe. Otro predicador argumenta: "Nunca diga que la enfermedad es la voluntad de Dios para nosotros. ¡No lo es! La curación y la salud son la voluntad de Dios para la humanidad. Si la enfermedad fuera la voluntad de Dios, el cielo estaría lleno de enfermedades y dolencias".[9] Según los maestros de la prosperidad, la cura para la enfermedad consiste en tener una perspectiva positiva: en pensar y decir las palabras correctas. Ejercite su fe en esas palabras para combatir su enfermedad y siga edificando su fe para eliminar la enfermedad. Como otra maestra y autora proclama:

> Tengo fe, porque soy creyente. Creo que recibiré mi sanidad, y mi fe me hace completa... El poder que resucitó a Cristo de entre los muertos está actuando en mí. Mi fe pone ese poder en funcionamiento activo en mi cuerpo. La enfer-

---

8. Joyce Meyer, *Healing Scriptures* (Fenton, MO: Joyce Meyer Ministries, 2008), 26.
9. Kenneth E. Hagin, *Redeemed from Poverty, Sickness, and Spiritual Death* (Tulsa: Faith Library, 1983), 16.

> medad no tiene otra opción... Si la curación no se produce, el problema radica en la falta de fe de la persona.[10]

¿Incluye la expiación la sanidad física para el creyente actual? Un examen más detenido del contexto de Isaías 53:5 indica que la curación citada por el profeta es de naturaleza espiritual, es decir, la remisión de los pecados. Isaías 53:4-5 dice: "Ciertamente Él llevó nuestras enfermedades, y cargó con nuestros dolores. Con todo, nosotros lo tuvimos por azotado, por herido de Dios y afligido. Pero Él fue herido (traspasado) por nuestras transgresiones, molido por nuestras iniquidades. El castigo, por nuestra paz, *cayó* sobre Él, y por Sus heridas (llagas) hemos sido sanados". El significado de estos versículos está bien claro: por medio de su muerte Cristo hizo expiación por los pecados de los creyentes. En 1 Pedro 2:24 se aclara aún más el significado de Isaías 53:4-5. Pedro escribe: "El mismo llevó (cargó) nuestros pecados en Su cuerpo sobre la cruz, a fin de que muramos al pecado y vivamos a la justicia, porque por Sus heridas fueron ustedes sanados".

Los maestros de la prosperidad crean dificultades cuando argumentan que la sanidad física forma parte de la expiación. Esa afirmación supone que la enfermedad es, en sí misma, pecado o el resultado del pecado de un individuo, pero eso no siempre es verdad. La enfermedad no es, por naturaleza, pecado. Ciertamente, el pecado puede llevar a la enfermedad, pero ese no es siempre (o incluso

---

10. Meyer, *Healing Scriptures*, 14-15.

generalmente) el caso. Recuerde que los discípulos de Jesús cometieron ese error de relacionar incorrectamente el pecado y la enfermedad, y que Cristo tuvo que corregirlos en Juan 9:1-7. En este pasaje, los apóstoles preguntan a Jesús si un hombre era ciego de nacimiento debido a su pecado o al pecado de sus padres. Jesús responde: "Ni éste pecó, ni sus padres; sino *que está ciego* para que las obras de Dios se manifiesten en él" (Jn. 9:3).

Otro problema que surge al relacionar la curación física con la expiación es que la restauración física debe garantizarse para los seguidores de Cristo. Si la curación espiritual inmediata está garantizada para todos los que se arrepienten y creen, ¿por qué la curación física inmediata no está garantizada? El hecho de que la curación física no se manifieste entre los seguidores del evangelio de la prosperidad se vuelve problemática.

Los maestros de la prosperidad no solo malinterpretan la expiación, sino que también abusan de la expiación de Cristo, pues hacen hincapié en los beneficios de la cruz sin tener en cuenta sus demandas. La cruz se convierte en poco más que un medio para un fin: Jesús murió por nuestros pecados para que podamos ser prósperos y saludables. Esto contrasta con el mensaje bíblico de que los creyentes deben tomar su cruz cada día y morir a sí mismos a fin de vivir para Cristo (Mt. 16:24). La cruz exige que los seguidores de Cristo se sacrifiquen por amor del reino de Dios y exalten a Dios, en lugar de a sí mismos. El evangelio de la prosperidad distorsiona el significado de la expiación y, por tanto, no es en absoluto el evangelio de Jesús.

EL EVANGELIO DE LA PROSPERIDAD Y EL PACTO ABRAHÁMICO

En Génesis 12:1-3, Dios prometió hacer de Abraham una gran nación, bendecirlo y engrandecer su nombre. Los teólogos se refieren a este evento como el pacto abrahámico, y es un componente fundamental de la teología ortodoxa cristiana. Los defensores del evangelio de la prosperidad también enseñan que el pacto abrahámico es un elemento importante de la teología de la prosperidad, pero muchos de ellos sostienen una visión poco ortodoxa e incorrecta de este pacto, sobre todo, en cuanto a la aplicación moderna del pacto.

El investigador Edward Pousson expresa correctamente el punto de vista de la prosperidad sobre la aplicación del pacto abrahámico cuando escribe: "Los cristianos son hijos espirituales de Abraham y herederos de las bendiciones de la fe... Esa herencia de Abraham sale a la luz, sobre todo, en términos de derechos materiales".[11] En otras palabras, según el evangelio de la prosperidad, el propósito principal del pacto abrahámico era que Dios bendijera a Abraham materialmente y le hiciera exitoso. Los defensores del evangelio de la prosperidad razonan que, dado que los creyentes son hijos espirituales de Abraham, por consiguiente, han heredado los bienes materiales del pacto.

Esta idea del pacto es vital para el evangelio de la prosperidad; y, según sus maestros, un pacto es similar a un contrato inviolable con Dios. Esta es una buena noticia para los fieles de la prosperidad, porque Dios

---

11. Edward Pousson, *Spreading the Flame: Charismatic Churches and Missions Today* (Grand Rapids: Zondervan, 1992), 158.

está obligado a cumplir su compromiso si un creyente ejerce su fe en el pacto. Una maestra exclama: "La Palabra de Dios está llena de pactos para nuestras vidas. Todos los beneficios de la bendición de Dios, como la sanidad, la liberación, la salvación, la mejora financiera, la plenitud y la realización personal están disponibles gracias al pacto... Recibimos las promesas de Dios por el pacto, y activamos la bendición de Dios a través de nuestra fe en el pacto".[12]

Otro maestro de la prosperidad escribe: "Puesto que el pacto de Dios ha sido establecido y la prosperidad es una provisión de este pacto, usted debe comprender que la prosperidad le pertenece ahora".[13] Dios hizo un acuerdo con Abraham y, cuando se accede a ese acuerdo por fe, las bendiciones se transmiten a los hijos espirituales de Abraham en forma de bendiciones materiales.

La enseñanza de otra personalidad del evangelio de la prosperidad sobre el pacto abrahámico es similar a la de otros defensores de ese evangelio cuando él señala correctamente que los creyentes son herederos espirituales de Abraham. Sin embargo, su aplicación del pacto abrahámico es totalmente incorrecta cuando escribe: "Me gusta mucho el pasaje que dice: 'Si nosotros pertenecemos a Cristo, somos descendencia de Abraham y herederos según la promesa'. Eso significa que todos podemos experimentar las bendiciones de Abraham. Si usted estudia la vida de

---

12. Paula White, "Covenant," 15 de julio de 2009, disponible en www.paulawhite.org/blog/comments/covenant (consultado el 1 de octubre de 2009).
13. Kenneth Copeland, *The Laws of Prosperity* (Fort Worth: Kenneth Copeland Publications, 1974), 51.

Abraham, descubrirá que fue un hombre próspero y saludable, que vivió una vida larga y productiva. A pesar de que no siempre tomó las mejores decisiones, disfrutó de las bendiciones y del favor de Dios".[14]

Para apoyar esa afirmación, los maestros de la prosperidad suelen apelar a Gálatas 3:14, donde Pablo escribe que la crucifixión sucedió "a fin de que en Cristo Jesús la bendición de Abraham viniera a los Gentiles". Sin embargo, los maestros de la prosperidad hacen caso omiso de la segunda mitad del versículo, que dice: "...para que recibiéramos la promesa del Espíritu mediante la fe". En este versículo, Pablo recuerda claramente a los gálatas la bendición espiritual de la salvación, en lugar de la bendición material de las riquezas.

Otro problema con el punto de vista de los maestros de la prosperidad sobre el pacto abrahámico es la afirmación de que la fe es el conducto por el cual los creyentes reciben las bendiciones de Abraham. Eso ignora por completo la comprensión ortodoxa de que este pacto era un pacto incondicional. Las bendiciones del pacto abrahámico no eran contingentes a la obediencia de un hombre. Por tanto, incluso si el pacto de Abraham se aplicara a los cristianos, todos los creyentes ya estarían experimentando las bendiciones materiales, independientemente de la teología de la prosperidad.

Este error parece tener su origen en que los maestros de la prosperidad confunden los pactos bíblicos con los contratos de hoy en día. Un pacto divino no está basado en la acción. Si Abraham fallara, Dios cumpliría su promesa porque Dios no puede mentir

---

14. Osteen, *Become a Better You* [*Lo mejor de ti*], 40.

(He. 6:18). Un contrato, por el contrario, implica los servicios y beneficios prestados para ambas partes. Las dos partes tienen algo que ofrecer mutuamente en el contrato. Si una parte falla en cumplir, el contrato queda anulado. Mientras que el concepto de un contrato se adapta a los fines del evangelio de la prosperidad, falla en reflejar la idea bíblica del pacto.

EL EVANGELIO DE LA PROSPERIDAD Y LA MENTE

El evangelio de la prosperidad anima a los creyentes a hacer confesiones positivas verbales y mentales sobre los objetos de deseo personal. Según los maestros de este evangelio, los fieles deben enfocar sus pensamientos y palabras en el incremento de las finanzas, la mejora en la salud, el éxito en el trabajo y en las relaciones personales beneficiosas. Por supuesto, en términos bíblicos, no hay nada inherentemente malo en desear la prosperidad; sin embargo, si la prosperidad personal empieza a ocupar los pensamientos de la persona, esos deseos se vuelven idólatras.

Compare lo que se enfatiza en el evangelio de la prosperidad con lo que Pablo instruye a la iglesia de Filipos que debían cultivar: "Por lo demás, hermanos, todo lo que es verdadero, todo lo digno, todo lo justo, todo lo puro, todo lo amable, todo lo honorable, si hay alguna virtud o algo que merece elogio, en esto mediten" (Fil. 4:8). Pablo no dice a sus lectores que centren su mente en casas más grandes, coches mejores, en una salud perfecta y en ascensos laborales. En cambio, el apóstol anima a sus lectores a que reflexionen sobre la verdad, la Palabra de Dios, y Dios mismo. Todo lo que sea digno de adoración o que mantenga las normas de justicia de un Dios santo, exige la atención del pueblo de Dios. Además, Pablo les dice a los creyentes colosenses: "Pongan la mira (la mente) en las cosas de arriba, no en las de la tierra" (Col. 3:2).

Dios instruye a los creyentes a que protejan sus mentes, porque una mente llena de la Palabra de Dios deseará las cosas de Dios. ¿Hace el evangelio de la prosperidad que sus seguidores se concentren más en Cristo o en las cosas de este mundo? Con el mantra constante de tener éxito y obtener riqueza, el evangelio de la prosperidad anima a los creyentes a concentrarse en sí mismos. Compare el énfasis del evangelio de la prosperidad en el éxito material con la advertencia del apóstol Juan: "No amen al mundo ni las cosas *que están* en el mundo. Si alguien ama al mundo, el amor del Padre no está en él. Porque todo lo que hay en el mundo, la pasión de la carne, la pasión de los ojos, y la arrogancia de la vida (las riquezas), no proviene del Padre, sino del mundo" (1 Jn. 2:15-16). El mandato bíblico para los creyentes es que se dejen guiar por la Biblia, en vez de por el mundo. Esto no significa que los cristianos no puedan desear el éxito personal, sino que ese deseo no debe ser la meta más importante en la vida de un creyente.

Sabemos que nuestros pensamientos son importantes, pero ¿qué sucede con nuestras palabras? ¿Son importantes? ¿Tienen poder creativo? Los maestros del evangelio de la prosperidad hacen hincapié en que hay poder en nuestras palabras. Para apoyar esa afirmación, citan versículos como Proverbios 18:21: "Muerte y vida están en poder de la lengua". Sin embargo, una mirada a todo el contexto de este versículo arroja más luz sobre su significado. Proverbios 18:20-21 dice: "Con el fruto de su boca el hombre sacia su vientre, *con* el producto de sus labios se saciará. Muerte y vida están en poder de la lengua, y los que la aman comerán su fruto".

Duane Garrett, un erudito del Antiguo Testamento, escribe: "El propósito de esos versículos consiste en advertir en contra de enamorarse demasiado de nuestras propias palabras. Debemos reconocer el poder de las palabras y es necesario que las usemos con cuidado. Expresar nuestros propios puntos de vista, descrito aquí irónicamente como comer el fruto de la lengua, puede ser un hábito adictivo con resultados peligrosos".[15]

Por tanto, este versículo no sugiere que las palabras tengan poder creativo, sino, más bien, que las palabras pueden tener efectos tanto positivos como negativos sobre las personas. Como la Biblia exhorta en otros pasajes, usemos, pues, nuestra lengua con prudencia (Stg. 3:1-12).

EL EVANGELIO DE LA PROSPERIDAD Y LA ORACIÓN

Los predicadores del evangelio de la prosperidad citan a menudo Santiago 4:2: "No tienen, porque no piden". Ellos animan a los creyentes a orar por el éxito personal en todos los ámbitos de la vida. Ciertamente, orar para tener éxito personal no es algo que sea en sí mismo inapropiado, pero el excesivo énfasis del evangelio de la prosperidad en los deseos de las personas convierte a la oración en una herramienta que los creyentes pueden utilizar para obtener sus deseos de Dios. Dentro de la teología de la prosperidad, la gente, en lugar de Dios, se convierte en el punto

15. Duane A. Garrett, *Proverbs, Ecclesiastes, Song of Songs*, The New American Commentary, vol. 14 (Nashville: Broadman & Holman, 1993), 167.

central de la oración. Curiosamente, los predicadores de la prosperidad, a menudo, ignoran la segunda mitad de la enseñanza de Santiago sobre la oración, que dice: "Piden y no reciben, porque piden con malos propósitos, para gastar*lo* en sus placeres" (Stg. 4:3). Dios no responde a las peticiones egoístas que no glorifican su nombre.

En lo que respecta al poder de la oración, un maestro escribe: "Cuando oramos, creyendo que ya hemos recibido aquello por lo que hemos orado, Dios no tiene otra opción que hacer que nuestras oraciones se cumplan... Esa es una clave para obtener resultados como cristianos... No debemos permitir que la religión o la tradición nos haga olvidar la verdad de lo que es realmente la oración".[16] Al comentar sobre la prosperidad que está a disposición de los creyentes a través de la oración, este mismo maestro pregunta: "¿Cómo puede alguien orar por la sanidad cuando no sabe que Dios quiere que sea sanado? ¿Cómo podemos creer que Dios aumentará nuestras finanzas si no sabemos que Él quiere que prosperemos? La verdad es que no podemos".[17] En su opinión, los fieles deben creer que Dios los prosperará y los sanará, y luego orar para obtener los resultados. En comparación con los ejemplos bíblicos de la oración, su visión sobre la oración parece estar centrada en uno mismo. En su análisis de la doctrina de la oración en el movimiento de la prosperidad,

---

16. Creflo Dollar, "Prayer: Your Path to Success", http://www.creflodollarministries.org/BibleStudy/ (consultado el 8 de octubre de 2009).
17. Creflo Dollar, "Pray by the Rules," 9 de marzo de 2009, http://www.creflodollarministries.org/BibleStudy/Articles.aspx?id=330 (consultado el 8 de octubre de 2009).

John MacArthur escribe: "La enseñanza que dice que podemos exigir cosas de Dios es la justificación espiritual para el egoísmo. Eso pervierte la oración y toma el nombre del Señor en vano. Eso no es bíblico, es impío, y no está dirigido por el Espíritu Santo".[18]

Si bien los maestros de la prosperidad hablan de la oración, socavan la enseñanza bíblica sobre la misma. Las Escrituras enseñan que la oración es un medio de comunión con Dios y un acto de adoración. Además, la oración consiste en pedir que se haga la voluntad de Dios; en lugar de pedir que se cumpla nuestra voluntad. La oración bíblica se centra en Dios y en su gloria. Esto es esencial en la oración modelo de Jesús, conocida como el Padrenuestro. Jesús enseña a sus discípulos a orar de la siguiente manera: "Ustedes, pues, oren de esta manera: 'Padre nuestro que estás en los cielos, santificado sea Tu nombre. Venga Tu reino. Hágase Tu voluntad, así en la tierra como en el cielo. Danos hoy el pan nuestro de cada día. Y perdónanos nuestras deudas (ofensas, pecados), como también nosotros hemos perdonado a nuestros deudores (los que nos ofenden, nos hacen mal). Y no nos metas (no nos dejes caer) en tentación, sino líbranos del mal (del maligno). Porque Tuyo es el reino y el poder y la gloria para siempre. Amén'" (Mt. 6:9-13).

Observe que el modelo de Jesús para la oración comienza con Dios, con su carácter, su nombre, su honor, su reino, su voluntad y sus propósitos. Después de acercarse a Dios con reverencia, el creyente pide la provisión para el día, el perdón de los pecados y protección de la tentación. Se observa una total

---

18. John MacArthur, *Alone with God* (Wheaton, IL: Victor Books, 1995), 51.

ausencia de cualquier solicitud por algún tipo increíble de prosperidad personal.

El apóstol Pablo también ofrece varios ejemplos de oración. Al escribir a la iglesia de Éfeso, Pablo pide "que el Dios de nuestro Señor Jesucristo, el Padre de gloria, les dé espíritu de sabiduría y de revelación en un mejor (verdadero) conocimiento de Él. *Mi oración es que* los ojos de su corazón les sean iluminados, para que sepan cuál es la esperanza de Su llamamiento, cuáles son las riquezas de la gloria de Su herencia en los santos" (Ef. 1:17-18). El apóstol ora para que Dios otorgue sabiduría y conocimiento a los creyentes, para que puedan conocer a Dios y poseer una esperanza verdadera. Esta oración anima a la iglesia a darse cuenta, por la gracia de Dios, de lo que tienen en Cristo Jesús.

Más adelante, en la carta de Pablo a los Efesios, él ruega al Padre "que Él les conceda a ustedes, conforme a las riquezas de Su gloria, el ser fortalecidos con poder por Su Espíritu en el hombre interior; de manera que Cristo habite por la fe en sus corazones. *También ruego* que arraigados y cimentados en amor, ustedes sean capaces de comprender con todos los santos cuál es la anchura, la longitud, la altura y la profundidad, y de conocer el amor de Cristo que sobrepasa el conocimiento, para que sean llenos hasta *la medida de* toda la plenitud de Dios" (Ef. 3:16-19). La preocupación de Pablo es que los creyentes sean fortalecidos en el conocimiento de Cristo y de su amor. Jesús y Pablo no están obsesionados con la oración por los bienes materiales. ¿Por qué habrían de estarlo? Jesús dijo a sus seguidores que el Padre ya sabe lo que necesitan y que no se preocupen por esas cosas (Mt. 6:25-34). Por el contrario, los cristianos deben "[buscar] primero Su reino y Su justicia, y todas estas cosas les serán añadidas" (Mt. 6:33).

Por supuesto, deberíamos dar a conocer a Dios nuestras peticiones (Fil. 4:6), pero el evangelio de la prosperidad se centra a tal punto en los deseos de la gente, que ese énfasis nos puede llevar a hacer oraciones egoístas y superficiales que no dan en absoluto la gloria a Dios. Además, cuando se combina con la doctrina de la prosperidad sobre la fe, la enseñanza acerca de la oración anima a la gente a tratar de manipular a Dios para conseguir lo que quieren, lo cual es en verdad una tarea inútil. Esto está muy lejos de orar a Dios pidiendo que se cumpla su voluntad.

EL EVANGELIO DE LA PROSPERIDAD Y LA BIBLIA

El método de interpretación bíblica de algunas personas dentro del movimiento de la prosperidad deja mucho que desear. Al hablar de los maestros de la prosperidad, el teólogo Ken Sarles escribe que su "método de interpretar el texto bíblico es muy subjetivo y arbitrario. Citan versículos de la Biblia en abundancia, sin atención a los indicadores gramaticales, matices semánticos o el contexto histórico y literario. El resultado es un conjunto de ideas y principios basados en la distorsión del significado de los textos".[19]

Un estudio de los volúmenes de literatura producida por los maestros de la prosperidad da numerosos ejemplos de esa mala interpretación, varios de los cuales han sido ya documentados en el capítulo

19. Ken L. Sarles, "A Theological Evaluation of the Prosperity Gospel", *Bibliotheca Sacra*, 143 (oct.-dic., 1986): 377.

anterior y el presente. Aunque un análisis exhaustivo del método de interpretación del evangelio de la prosperidad está fuera del alcance de este breve volumen, hemos elegido como un versículo de ejemplo 3 Juan 2, con fines ilustrativos.

El apóstol Juan escribe: "Amado, ruego que seas prosperado en todo así como prospera tu alma, y que tengas buena salud" (3 Jn. 2). Los maestros de la prosperidad creen que este versículo significa que Dios quiere que todos los creyentes sean "prosperados en todo". Uno de los fundadores del movimiento del evangelio de la prosperidad afirmó que, en el inicio de su ministerio, en un momento de búsqueda de dirección, Dios lo llevó milagrosamente a 3 Juan 2, lo cual él interpretó como una revelación del evangelio de la prosperidad.[20] Sin embargo, un cuidadoso estudio de 3 Juan 2 revela que el apóstol Juan no enseña lo que se conoce como el evangelio de la prosperidad.

Aquellos que usan 3 Juan 2 para apoyar el evangelio de la prosperidad cometen dos errores graves, el primero contextual y el segundo gramatical. Primero, en cuanto al contexto, hay que señalar que el propósito de Juan al escribir 3 Juan 2 no era enseñar doctrina, sino que simplemente iniciaba su carta con un saludo. Esto no significa que la doctrina no se pueda derivar de pasajes que no sean doctrinales, porque toda la Escritura es útil para la enseñanza. Sin embargo, debemos conocer la intención del autor original. La afirmación de que 3 Juan 2 enseña la

20. Bruce Barron, *The Health and Wealth Gospel: What's Going on Today in a Movement That Has Shaped the Faith of Millions?* (Downers Grove, IL: InterVarsity Press, 1987), 62.

doctrina de la prosperidad debe considerarse como sospechosa en el mejor de los casos.

Segundo, es necesario entender correctamente el significado de la palabra *prosperidad* como aparece en este versículo. El término griego traducido como "prosperidad", que se utiliza cuatro veces en las Escrituras, no se refiere a la prosperidad en el sentido de ganar posesiones materiales. Por el contrario, la palabra significa "conceder una expedición próspera y un viaje rápido", o "llevar por un camino fácil y directo".[21]

El texto de las traducciones modernas, tales como la Nueva Versión Internacional y la Nueva Traducción Viviente reflejan ese matiz de la palabra. La Nueva Versión Internacional traduce 3 Juan 2: "Querido hermano, oro para que te vaya bien en todos tus asuntos y goces de buena salud, así como prosperas espiritualmente". Del mismo modo, la Nueva Traducción Viviente dice: "Querido amigo, espero que te encuentres bien, y que estés tan saludable en cuerpo así como eres fuerte en espíritu". Aquellos que entienden que 3 Juan 2 enseña la teología de la prosperidad están malinterpretando el texto.

EL EVANGELIO DE LA PROSPERIDAD Y EL ACTO DE DAR

Como se mencionó en el capítulo anterior, una de las características más destacadas de los teólogos de la prosperidad es su aparente obsesión con los aportes financieros. A los estudiantes del evangelio

21. Joseph Henry Thayer, *The New Thayer's Greek-English Lexicon of the New Testament* (Peabody, MA: Hendrickson, 1981), 260.

de la prosperidad se les insta a que den dinero con generosidad, pero un examen más detenido de la teología detrás de animar a la gente a dar dinero revela que el énfasis de este evangelio se basa en cualquier cosa menos en motivos filantrópicos.

Un predicador de la televisión afirma: "Dé 10 dólares y reciba 1.000, dé 1.000 y reciba 100.000... En resumen, Marcos 10:30 es un acuerdo muy conveniente".[22] Sin embargo, ¿prometió Jesús un programa de inversiones con un increíble rendimiento financiero? En Marcos 10:29-30, Jesús dice: "En verdad les digo, que no hay nadie que haya dejado casa, o hermanos, o hermanas, o madre, o padre, o hijos o tierras por causa de Mí y por causa del evangelio, que no reciba cien veces más ahora en este tiempo: casas, y hermanos, y hermanas, y madres, e hijos, y tierras junto con persecuciones; y en el siglo venidero, la vida eterna".

¿A qué se refiere con ese rendimiento de cien veces? El mismo pasaje responde a la pregunta: casas, familiares y tierras, con persecuciones. En otras palabras, cuando uno sale de su comunidad actual a fin de seguir a Jesús, pasará a formar parte de una nueva sociedad compuesta de creyentes, allí donde vive. La clave de esta interpretación se encuentra en Marcos 3, donde Jesús habla de la cuestión de la familia verdadera. Jesús, con su familia fuera de la casa en la que predicaba en ese momento, mira al grupo y dice: "Aquí están Mi madre y Mis hermanos. *Porque* cualquiera que hace la voluntad de Dios, ése es Mi hermano, y

---

22. Gloria Copeland, *God's Will Is Prosperity* (Fort Worth: Kenneth Copeland Publications, 1996), 54.

hermana y madre" (Mr. 3:34-35). Cien veces se refiere claramente a la familia de los creyentes.

Además, los maestros de la prosperidad promueven con frecuencia una mentalidad de dar para conseguir. Todo lo que los creyentes tienen que hacer es sembrar una semilla de fe —es decir, donar dinero para el ministerio—, y Dios bendecirá su matrimonio, finanzas o cualquier otro tipo de ayuda que se desee. Dentro del sistema de la prosperidad, la meta en dar dinero es, en última instancia, servirse a sí mismo en vez de a los demás. La apelación de un predicador a sus oyentes es típica:

> Recuerde, no hay necesidad demasiado grande para Dios. Puede que necesite un milagro en su matrimonio; Dios puede restaurarlo. Tal vez enfrente increíbles retos financieros; Dios puede proporcionar un aumento sobrenatural. Dios sabe dónde necesita una cosecha milagrosa, y ahora es el momento para sembrar su "semilla de fe milagrosa". Incluso, si ya ha dado generosamente, todavía tiene tiempo para aumentar su bendición durante esta época milagrosa de la siembra. Dedique un momento para hacer dos cosas: primera, escriba su petición de oración más urgente en el formulario de respuesta y envíemela para que yo pueda unirme en oración por su cosecha milagrosa. Segunda, dedique un momento a sembrar la "semilla de fe milagrosa" más generosa que pueda.[23]

---

23. Shayne Lee, *T. D. Jakes: America's New Preacher* (Nueva York: New York University, 2005), 110-111.

La doctrina del evangelio de la prosperidad sobre el acto de dar se basa en motivos erróneos. Mientras que Jesús enseñó a sus discípulos: "presten no esperando nada a cambio" (Lc. 6:35), los teólogos de la prosperidad enseñan a sus discípulos a dar dinero, porque eso les traerá un gran rendimiento.

CONCLUSIÓN

El evangelio de la prosperidad se basa en una comprensión incorrecta de:

1) el evangelio
2) la fe
3) la expiación
4) el pacto abrahámico
5) la mente
6) la oración
7) la interpretación bíblica
8) el dar.

Una razón que sintetiza por qué el evangelio de la prosperidad es un evangelio descarriado puede expresarse así: "Tiene una visión errónea de la relación entre Dios y la humanidad". O dicho de otra manera: "Si el evangelio de la prosperidad es correcto, la gracia se convierte en algo obsoleto, Dios se convierte en un ser irrelevante, y el hombre es la medida de todas las cosas".

Tanto si se trata del evangelio, la fe, la expiación, el pacto abrahámico, la mente, la oración, la interpretación bíblica o el acto de dar, el movimiento de la prosperidad busca convertir la relación entre Dios y las personas individuales en una transacción financiera. Como el estudioso James R. Goff observó: Dios queda "reducido a una especie de 'botones de hotel cósmico' para atender a las necesidades y deseos de su creación".[24] Este es un punto de vista totalmente incorrecto y nada bíblico de la relación entre Dios y las personas y de la mayordomía de la riqueza.

RESUMEN DE ENSEÑANZAS

- El evangelio de la prosperidad distorsiona el verdadero evangelio porque no dirige a las personas a Cristo, sino que se centra en la consecución de los deseos humanos.
- Los maestros del evangelio de la prosperidad malinterpretan el pacto abrahámico y hacen de él una promesa de salud y riquezas para los cristianos que son obedientes a Dios.
- Los defensores del evangelio de la prosperidad enseñan que la muerte de Cristo da como resultado beneficios financieros y físicos para los cristianos.
- Los pasajes más comunes que son usados y malinterpretados con el fin de respaldar el mensaje de la prosperidad son Eclesiastés 11:1; Marcos 10:30; 2 Corintios 9:6; Gálatas 6:7; y 3 Juan 2.
- Una de las razones fundamentales de por qué el evangelio de la prosperidad se ha desviado del camino es su punto de vista defectuoso de la relación entre Dios y las personas.

24. James R. Goff Jr., "The Faith That Claims", *Christianity Today,* 34 (febrero, 1990): 21.

3

La enseñanza bíblica sobre el sufrimiento

Aunque los seguidores del evangelio de la prosperidad no siempre lo declaran explícitamente, una de las atracciones principales de la teología de la prosperidad es su mensaje sobre la evitación o el alivio del sufrimiento. Dado que todas las personas tienen un deseo instintivo de escapar del sufrimiento, esa es una atracción muy natural. El sufrimiento toma diferentes formas, pero, en general, cae en una de dos grandes categorías entrelazadas: el sufrimiento físico y el sufrimiento mental (o emocional). El sufrimiento físico incluye cualquier tipo de daño o enfermedad corporal hasta incluso la muerte. El sufrimiento mental incluye cosas como la pérdida de algo, el temor y el fracaso personal.

En su predicación y enseñanza, los defensores de este evangelio hablan en términos positivos, centrados en gran medida en la prosperidad económica. Este es un mensaje que busca evitar el sufrimiento mental en cuanto a las finanzas, pero los temas relacionados con la superación de otros tipos de sufrimiento también están presentes en la teología de la prosperidad. Los ejemplos incluyen la promesa de prosperar en las relaciones personales, el éxito profesional e, incluso, relatos de milagrosas curaciones físicas. Ya sea físico o mental, es evidente que el evangelio de la prosperidad pone gran énfasis en evitar el sufrimiento personal.

La doctrina del movimiento de la prosperidad sobre el sufrimiento invita a preguntar: "¿Qué enseña la Biblia sobre el sufrimiento?". Esta es una investigación importante, porque, a pesar de la enseñanza dudosa sobre este tema por los defensores del evangelio de la prosperidad, el sufrimiento es parte de la vida humana y se experimenta en diversos grados y en muchas y diferentes formas. El sufrimiento es tan común que, muchas veces, las cuestiones relacionadas con el tema se basan tanto en la experiencia personal como en la curiosidad intelectual.

Aunque este capítulo no puede proporcionar una respuesta completa a todas las complejas preguntas sobre el dolor y el sufrimiento, sí examinaremos la enseñanza bíblica sobre el sufrimiento, sobre todo en lo que respecta a las promesas del evangelio de la prosperidad sobre el mejoramiento personal, tanto financiero como en otras áreas. Estudiaremos una selección de personajes bíblicos y enseñanzas sobre el sufrimiento, veremos brevemente algunas de las causas fundamentales de sufrimiento personal, y sugeriremos directrices prácticas para que los creyentes las consideren cuando lo experimenten o cuando sean testigos del sufrimiento en el mundo.

PERSONAJES BÍBLICOS Y EL SUFRIMIENTO

El dolor y el sufrimiento son comunes entre los personajes bíblicos. En el Antiguo Testamento abundan los ejemplos:

Abraham pasó sus últimos años como nómada en un país extranjero. Dios declaró que su primogénito sería "hombre indómito como asno montés; su mano será contra todos, y la mano de todos contra él" (Gn. 16:12; cp. Gn. 21:9-12). La peregrinación de la vida de Abraham incluiría tensiones domésticas y políticas.

Jacob sufrió debido a la disfunción dentro de su familia, la violación de su hija y problemas de salud que incluyeron una visión disminuida y una cadera lisiada.

José fue tratado injustamente por sus propios hermanos y pasó años en prisión por un delito que no cometió.

Job perdió todo lo que más amaba —a excepción de su esposa y de su vida— lo cual incluía a sus hijos, las posesiones y la salud.

David soportó las burlas de su familia, la persecución de sus enemigos, la humillación pública y la pérdida de más de uno de sus hijos.

Muchos de los profetas —entre ellos Isaías, Jeremías, Ezequiel y Daniel— sufrieron el rechazo, la calumnia, la persecución e incluso el exilio.

Y hay muchos más. Los ejemplos del Nuevo Testamento de las personas que sufrieron no son menos comunes. Entre ellos están:

Jesús —el Varón de Dolores— que fue "objeto de burla, afrentado y escupido" antes de ser crucificado (Lc. 18:32).

Los doce apóstoles, todos los cuales fueron perseguidos y, según tradición de la Iglesia, la mayoría de ellos perdieron su vida por la causa del evangelio.

El apóstol Pablo, cuya vida estuvo marcada por el sufrimiento que incluyó palizas por causa de su fe, condenas injustas en prisión, amenazas de muerte, naufragios, falta de sueño, hambre y sed (2 Co. 11:22-29).

Más allá de los personajes mencionados en el Nuevo Testamento, es evidente por la narración en el libro de los Hechos y el registro histórico en las epístolas, que el dolor y el sufrimiento fueron comunes entre los primeros seguidores de Cristo. Es difícil, si no imposible, encontrar a alguien, ya sea en el Antiguo o el Nuevo Testamento, que siguiera a Dios y experimentara una vida libre de dolor.

Muchos pasajes en la Biblia dan por supuesto que el sufrimiento es una parte habitual de la vida cristiana. Pablo escribe a los filipenses: "Porque a ustedes se les ha concedido por amor de Cristo, no sólo creer en Él, sino también sufrir por Él" (Fil. 1:29). Del mismo modo, Pablo enseña a su compañero Timoteo: "Y en verdad, todos los que quieren vivir piadosamente en Cristo Jesús, serán perseguidos" (2 Ti. 3:12). Pedro informa a la iglesia naciente: "Porque para este propósito han sido llamados, pues también Cristo sufrió por ustedes, dejándoles ejemplo para que sigan Sus pasos... Así que los que sufren conforme a la voluntad de Dios, encomienden sus almas al fiel Creador, haciendo el bien" (1 P. 2:21; 4:19). Las Escrituras nos demuestran que la fe en Cristo no es un medio para escapar de una vida de sufrimiento; sino que la fe lleva a menudo al sufrimiento.

Pensando en la enseñanza de la Biblia, uno puede también concluir que el dolor y el sufrimiento son una parte normativa de la vida cristiana. Si tenemos en cuenta que Jesús sufrió en gran manera durante su encarnación, es razonable concluir que la semejanza a Cristo —que es el objetivo de la vida cristiana— requiere un grado de sufrimiento. Ese es el mensaje que Jesús mismo comunicó a sus seguidores: "Si el mundo los odia, sepan que Me ha odiado a Mí antes que a ustedes... Acuérdense de la palabra que Yo les dije: 'Un siervo no es mayor que su señor.' Si Me persiguieron a Mí, también los perseguirán a ustedes; si guardaron Mi palabra, también guardarán la de ustedes" (Jn. 15:18, 20).

La terminología del Nuevo Testamento utilizada para describir la vida cristiana está llena de matices sobre experimentar sufrimiento, entre ellos:

- tomar su propia cruz (Lc. 9:23)
- estar crucificado con Cristo (Gá. 2:20)
- hacerse un esclavo (1 Co. 7:23)
- morir a sí mismo (Ro. 6:6)
- ser el último a fin de ser el primero (Mt. 20:16)
- hacerse débil para ser fuerte (2 Co. 12:10)
- ser pobre a fin de recibir las riquezas eternas (Lc. 6:20)

- perder la vida con el fin de salvarla (Mr. 8:35)
- menguar uno para que el Señor pueda crecer (Jn. 3:30)

Los ejemplos de creyentes fieles en la Biblia y las enseñanzas explícitas de las Escrituras presentan el sufrimiento como una parte normal de la vida cristiana.

LAS CAUSAS DEL SUFRIMIENTO

Demostrar que el sufrimiento es una parte normativa en la experiencia de los personajes bíblicos y en la vida cotidiana no es una tarea difícil. Una tarea más exigente consiste en investigar las posibles causas de ese sufrimiento. A fin de enmarcar este tema tan difícil, nos será útil analizar el sufrimiento (físico y mental) en dos grandes campos: el sufrimiento causado por el mal natural y el sufrimiento que se deriva del mal moral. Sin duda alguna, el mal natural y el mal moral están relacionados y son a menudo categorías relacionadas. Sin embargo, dado que el sufrimiento que resulta de cada tipo de mal no siempre es el mismo, es beneficioso usar estas categorías.

EL SUFRIMIENTO Y EL MAL NATURAL

Definido de forma sencilla, el mal natural consiste en cosas que son percibidas como malas y que son el resultado de desastres naturales (tales como terremotos, tornados, tsunamis, inundaciones, sequías), enfermedades, defectos genéticos, lesiones y muerte. El mal natural no es causado directamente por las acciones de otro ser humano. Este tipo de mal es una parte del orden creado caído y, como tal, involucra fuerzas materiales fuera del control humano.

Aparece claro en la Biblia, como en el mundo actual, que mucho sufrimiento es causado por el mal natural.

Cuando un tornado golpea y destruye una vida o cuando a alguien se le diagnostica un cáncer maligno, estos son ejemplos obvios del mal natural. Sin embargo, de una manera que nos recuerda a los amigos de Job, algunos suponen a menudo que el mal natural y su sufrimiento están directamente ligados a la moralidad de aquellos que lo padecen. Mientras que el relato de Job pone de manifiesto que esa conclusión no procede necesariamente, es cierto que el relato bíblico incluye ejemplos de sufrimiento divinamente iniciado, a través de causas naturales (o incluso sobrenaturales) debido a la corrupción moral. Por ejemplo, en los días de Noé, Dios hizo que hubiera una gran inundación cuando "vio que era mucha la maldad de los hombres en la tierra, y que toda intención de los pensamientos de su corazón era sólo *hacer* siempre el mal... Entonces el Señor dijo: 'Borraré de la superficie de la tierra al hombre que he creado, desde el hombre hasta el ganado, los reptiles y las aves del cielo, porque Me pesa haberlos hecho'" (Gn. 6:5, 7).

Del mismo modo, en el relato de la aniquilación de Sodoma y Gomorra, los visitantes angelicales de Lot declararon: "Porque vamos a destruir este lugar, pues su clamor ha llegado a ser tan grande delante del Señor, que el Señor nos ha enviado a destruirlo... Entonces el Señor hizo llover azufre y fuego sobre Sodoma y Gomorra, de parte del Señor desde los cielos" (Gn. 19:13, 24). A pesar de estos ejemplos en los que Dios juzga el pecado permitiendo el sufrimiento a través del mal natural, este no es el patrón bíblico normativo. Tales ejemplos son la excepción y no la regla.

Para obtener una imagen completa del lugar del mal natural en el mundo actual, debemos remontarnos a la narración de la creación en el libro del Génesis. Génesis 1—2 nos dice que el Señor creó un mundo bueno. De hecho, la enseñanza de que la creación era "buena" es un mantra que late a lo largo de los dos primeros capítulos de la Biblia (Gn. 1:4, 10, 12, 18, 21, 25, 31, 2:9, 12). El mal natural y el sufrimiento no eran parte del diseño original de Dios, ni del buen orden de la creación de Dios. Sin embargo, como Génesis 3 informa, poco después de la creación, la humanidad se rebeló contra el Señor, pues deseaba, con orgullo, ser como Dios mismo. Como resultado de esa rebelión, el mal natural entró en el orden creado. El apóstol Pablo, al reflexionar sobre la caída, escribe: "Por tanto, tal como el pecado entró en el mundo por medio de un hombre, y por medio del pecado la muerte, así también la muerte se extendió a todos los hombres, porque todos pecaron" (Ro. 5:12). Eso fue lo que el Señor había advertido amorosamente en Génesis 2:16-17: "De todo árbol del huerto podrás comer, pero del árbol del conocimiento (de la ciencia) del bien y del mal no comerás, porque el día que de él comas, ciertamente morirás". Fue a causa del pecado de la humanidad que Dios maldijo el orden de la creación; y el sufrimiento, debido al mal natural, se convirtió en una realidad.

Si bien la narración de Génesis 1—3 explica *cómo* entró el sufrimiento en el orden creado, no aborda claramente la cuestión de *por qué* el Señor permitió que ese sufrimiento se convirtiera en una posibilidad.

Aunque la mayor preocupación aquí es la causa del sufrimiento (es decir, el "cómo" del sufrimiento) antes que las razones del sufrimiento (es decir, el "porqué" del sufrimiento), unas breves palabras sobre la razón para el sufrimiento por medio del mal natural están en orden.

Un estudio de los Evangelios revela dos casos en los que Jesús abordó el "porqué" del sufrimiento personal como consecuencia del mal natural.

En una ocasión, Jesús se refirió a "¿aquellos dieciocho, sobre los que cayó la torre en Siloé y los mató, eran *más* deudores que todos los hombres que habitan en Jerusalén? Les digo que no; al contrario, si ustedes no se arrepienten, todos perecerán igualmente" (Lc. 13:4-5). Juan registra la segunda ocasión: "Al pasar Jesús, vio a un hombre ciego de nacimiento. Y Sus discípulos Le preguntaron: 'Rabí (Maestro), ¿quién pecó, éste o sus padres, para que naciera ciego?' Jesús respondió: 'Ni éste pecó, ni sus padres; sino *que está ciego* para que las obras de Dios se manifiesten en él'" (Jn. 9:1-3). Según Jesús, si bien es posible que el sufrimiento no esté directamente causado por el pecado personal, el sufrimiento a causa del mal natural se produce como un recordatorio de la necesidad de arrepentirnos de nuestra propia condición pecaminosa, así como para proporcionar una oportunidad para que las obras de Dios se manifiesten.[1]

Uno de los propósitos de ese sufrimiento es, en última instancia, el de fomentar la relación de la persona

---

1. El apóstol Santiago también identifica "el propósito del Señor" en el sufrimiento de Job como una ocasión para demostrar que "el Señor es misericordioso y compasivo" (Stg. 5:11).

con el Señor. La maldición presente en la creación, junto con el sufrimiento resultante, es una manifestación de la gracia de Dios, no de su ira. Quizás esa sea la razón por la que Pablo, al reflexionar en Génesis 3:14-19, podía escribir: "Porque la creación fue sometida a vanidad, no de su propia voluntad, sino por causa de Aquél que la sometió, en la esperanza" (Ro. 8:20). El especialista en ética, John Frame, capta acertadamente esta enseñanza, cuando escribe: "Las Escrituras nos dan, por tanto, una respuesta explícita al problema del mal natural. El mal natural es una maldición que cayó sobre el mundo a causa de la maldad moral. Funciona como castigo para los malvados y como medida de disciplina para los que son justos por la gracia de Dios. También nos recuerda las dimensiones cósmicas del pecado y de la redención".[2]

EL SUFRIMIENTO Y EL MAL MORAL

A diferencia del mal natural, que es en gran medida impersonal y se manifiesta generalmente como un defecto en el orden creado, el mal moral es siempre personal y encuentra su origen en el corazón humano. Participar en el mal moral es quebrantar deliberadamente la ley de Dios. El apóstol Juan nos enseña que "el pecado es infracción de la ley" (1 Jn. 3:4); por tanto, el mal moral puede definirse sencillamente como pecado.

En otras palabras, el mal moral radica en no cumplir la ley de Dios, que es la norma por la cual Él juzga al mundo. Tanto la experiencia de la vida como las Escrituras dan testimonio de que hay una relación

---

2. Christopher W. Morgan y Robert A. Peterson, eds., *Suffering and the Goodness of God* (Wheaton, IL: Crossway, 2008), 142.

inherente entre el mal moral y el sufrimiento personal. En cuanto a esa relación, Pablo escribe lo siguiente: "todo lo que el hombre siembre, eso también segará. Porque el que siembra para su propia carne, de la carne segará corrupción" (Gá. 6:7-8). En la vida diaria, esa "corrupción" se experimenta como sufrimiento a causa del pecado personal, así como el sufrimiento que resulta a causa del pecado de otra persona.

Curiosamente, la enseñanza de que el mal moral y personal engendra sufrimiento no es un obstáculo para la mayoría de las personas, ya sean creyentes o no. En su primera carta a la iglesia, Pedro escribe con naturalidad acerca de los que sufren "por hacer el mal". (3:17) y por ser "asesino, o ladrón, o malhechor, o por entrometido" (4:15). El apóstol no se siente obligado a justificar esa enseñanza, ni se suele cuestionar en la actualidad. Tal vez este fenómeno se pueda explicar así: puesto que la ley moral es un reflejo del carácter de Dios y las personas están creadas a imagen de Dios, la mayoría de las personas no cuestiona la justicia del que sufre a causa de su propia iniquidad. Parece bastante lógico que las personas deban sufrir por sus propias expresiones del mal moral, como la necedad, el mal juicio, la justicia propia, la inmadurez, la soberbia y una serie de otros pecados. De hecho, las sanciones, que son una forma de sufrimiento vinculado a leyes civiles modernas, descansan sobre la aceptación general de este hecho.

Sin embargo, el sufrimiento a causa del mal moral de otra persona plantea con frecuencia una cuestión de justicia. Cuando una persona inocente sufre a causa de la ira de otro, un conductor ebrio, el robo, actos violentos o incluso por simple negligencia, es natural que se cuestione la equidad de tales acciones. Las Escrituras, sin embargo, nos ayudan a entender mejor el sufrimiento secundario. El profeta Ezequiel declara: "El hijo no cargará con la iniquidad del padre, ni el padre cargará con la iniquidad del hijo" (Ez. 18:20). No obstante, la Biblia también hace mención del sufrimiento por el pecado de otro, cuando describe al Señor diciendo: "sino que castigará la iniquidad de los padres sobre los hijos hasta la tercera y la cuarta generación" (Nm. 14:18; cp. Éx. 20:5; 34:7). Estas enseñanzas bíblicas, aparentemente contradictorias, se pueden reconciliar mediante la comprensión de la distinción entre ser afectados por el pecado de otra persona y ser juzgados por el pecado de otro. Mientras que Dios hace a las personas responsables de sus propios pecados, el pecado individual tiene siempre un efecto corporativo debido a la naturaleza integrada de la vida. Aunque esto pueda parecer injusto, es una parte de la vida comunitaria en el mundo caído.

Existen tres fuentes principales de sufrimiento en este mundo: la maldición del orden de la creación, el pecado personal y los pecados de otras personas. Sufrir los efectos de la maldición que pesa sobre el mundo es sufrir el mal natural. El sufrimiento que se deriva del pecado individual, ya sea propio o de otro, es sufrir los efectos del mal moral. Si bien nunca es agradable, la mayoría de las personas, por lo general, no cuestionan el padecimiento que surge del pecado personal. Cuando se sufre a causa del pecado de otro, así como el sufrimiento a causa del mal natural, eso, a menudo, plantea preguntas acerca de la justicia divina. Jesús enseña que el propósito de ese sufrimiento consiste en recordarnos el pecado personal y la necesidad de arrepentimiento, así como para proporcionar una oportunidad para que las obras de Dios se manifiesten.

Reflexiones sobre el sufrimiento

Aportamos algunas reflexiones básicas para que los creyentes las examinen al experimentar el sufrimiento, o al ser testigos del mismo en el mundo actual. Si bien estas consideraciones no tienen la intención de hacer que el dolor y el sufrimiento sean más tolerables físicamente, más fáciles de entender emocionalmente o incluso más satisfactorios intelectualmente, esperamos que resulten de beneficio espiritual para aquellos que tratan de resolver cuestiones relacionadas con el sufrimiento.

Todos somos pecadores

El relato de la creación nos dice que Dios hizo un mundo bueno; de hecho, proclama que todo lo que había hecho "era bueno en gran manera" (Gn. 1:31). Por tanto, hubo un tiempo cuando el dolor y el sufrimiento no existían. Sin embargo, el ser humano eligió libremente rebelarse contra Dios y, de esta manera, dio entrada al pecado y a la posibilidad del sufrimiento en el mundo (Ro. 5:12). Muchos de los que plantean cuestiones sobre la justicia del sufrimiento pasan por alto o minimizan el hecho de que las personas fueron, desde el principio, el conducto a través del cual el pecado y el sufrimiento entraron al mundo.

Con frecuencia, las preguntas acerca de la justicia del sufrimiento se formulan con la presuposición de la bondad moral (o, al menos, la neutralidad moral) de los seres humanos. Esta suposición lleva a la afirmación de que el sufrimiento personal no es justo, porque si la gente es básicamente buena, el sufrimiento es inmerecido. Sin embargo, las Escrituras no solo registran el papel y la culpabilidad de las personas de permitir la entrada del pecado en el mundo, sino también dan testimonio de su corrupción moral. El profeta Isaías declara que, cuando se mide por las normas del Señor, "todas nuestras justicias [son] como trapo de inmundicia" (Is. 64:6), y Pablo nos informa de la conclusión de Dios de que "No hay justo, ni aun uno... No hay quien haga lo bueno, no hay ni siquiera uno" (Ro. 3:10-12). Cuando el sufrimiento personal se considera a la luz de la condición pecaminosa de la humanidad, resulta evidente que todas las personas están descalificadas para acusar a Dios de injusticia. Si bien es posible que un determinado caso de sufrimiento pueda no ser merecido (en el sentido de que no fue causado por un pecado propio inmediato), en comparación con la condenación eterna que, en última instancia, todas las personas merecen por sus pecados, las acusaciones de falta de justicia divina se desvanecen rápidamente. Dada la gracia que el Señor otorga en su misericordia y paciencia al hombre pecador, esa reflexión debería llevarnos a alabar a Dios porque "demuestra su amor para con nosotros, en que siendo aún pecadores, Cristo murió por nosotros" (Ro. 5:8).

TODOS POSEEMOS LIBRE ALBEDRÍO

Otro aspecto sobre el sufrimiento personal es el hecho de que todo el mundo posee libre albedrío. La idea y los parámetros del libre albedrío son temas que los teólogos han debatido durante siglos.[3] Tal como se entiende el concepto comúnmente, tener libre albedrío implica al menos la posibilidad de elegir libremente entre las opciones disponibles. Mientras que la mayoría afirma que tener libre albedrío es algo bueno, el concepto de libre albedrío incluye necesariamente la posibilidad de optar por el pecado dada la condición caída de la humanidad. Tales decisiones pecaminosas suelen dar como consecuencia el sufrimiento, tanto a causa del pecado personal como debido a los pecados de otras personas. Es interesante notar, sin embargo, que pocas personas cuestionan la justicia de Dios cuando eligen libremente el pecado. Nadie acusa a Dios de falta de justicia cuando no son castigados por hacer trampa en sus impuestos, por excederse en la velocidad, o por murmurar libremente sobre los aspectos financieros de la iglesia. Por el contrario, la gente tiende a acusar al Señor de ser injusto cuando sufren personalmente, o tal vez cuando son testigos del sufrimiento de otros a gran escala (desastres naturales, ataques terroristas, guerra, etc.). Tal enfoque revela la justicia propia, el énfasis centrado en uno mismo de muchas discusiones sobre el dolor y el sufrimiento.

---

3. En el debate entre teólogos sobre el libre albedrío, han surgido dos puntos de vista generales. Algunos han adoptado la idea de un llamado "libre albedrío volitivo", que es el entendimiento de que las personas son libres de elegir entre las opciones disponibles. Otros han adoptado una visión más amplia, al sostener el llamado "libre albedrío libertario" o un "libre albedrío contra-causal". Esta es la idea de que la voluntad de la humanidad es completamente libre, es decir, libre de elegir cualquier opción. Por supuesto, hay una miríada de puntos de vista híbridos y otras opciones.

A la luz de la naturaleza corrupta de todas las personas, se hace evidente que la única manera para que el Señor evite el dolor y el sufrimiento en el mundo actual, sin alterar la libre voluntad humana, sería que Él destruyera a las personas (ya que el sufrimiento es causado por el mal moral o el mal natural que se deriva de su pecado original). Por supuesto, otra opción era que Dios mismo cargase con el castigo por el pecado del hombre en la muerte de su Hijo Jesucristo. Al hacerlo, Dios experimentó verdaderamente el sufrimiento injusto y brindó a las personas la oportunidad de vivir para siempre en una tierra restaurada donde ya no habrá dolor ni sufrimiento. Pablo escribe de esta sustitución divina y la perspectiva de la justicia imputada: "Dios estaba en Cristo reconciliando al mundo con Él mismo, no tomando en cuenta a los hombres sus transgresiones... Al que no conoció pecado, lo hizo pecado por nosotros, para que fuéramos hechos justicia de Dios en Él" (2 Co. 5:19, 21).

HAY VALOR EN EL SUFRIMIENTO

Tal vez una reflexión consoladora para aquellos que están en medio de las pruebas personales sea el hecho de que hay valor en el sufrimiento, aunque ese valor no suele verse hasta que ha pasado el tiempo. Mientras que la enseñanza de Pablo de que "todas las cosas les ayudan a bien" (Ro. 8:28) pueda parecer trivial para alguien en medio de la pérdida personal, la mayoría estaría de acuerdo en retrospectiva que las experiencias de sufrimiento han sido grandes momentos de crecimiento. Esto no significa, por supuesto, que el sufrimiento sea bueno. El sufrimiento en sí mismo no es bueno; sin embargo, Dios tiene la capacidad de usarlo para el bien. La incertidumbre que es parte de la relación entre el sufrimiento y el crecimiento personal, así como la perspectiva que se necesita para apreciar esta dinámica, debe evitar que uno desarrolle un "complejo de mártir" debido al valor potencial del sufrimiento. Dicho esto, es posible identificar algunos beneficios prácticos y espirituales del sufrimiento.

> El sufrimiento en sí mismo no es bueno; sin embargo, Dios tiene la capacidad de usarlo para el bien.

Tal vez el beneficio práctico más evidente del sufrimiento sea una señal de advertencia de peligro inminente. Esto es cierto en un sentido físico, cuando el dolor es una señal de que hemos llegado a los límites corporales, o cuando un dolor menor es un síntoma de una enfermedad más grave que puede tratarse médicamente. Del mismo modo, como se señaló anteriormente, el sufrimiento puede ser un recordatorio práctico de la necesidad de arrepentirse. Jesús enseña esto (Lc. 13:1-5), y el escritor de Hebreos escribe que la disciplina [sufrimiento] no "parece ser causa de gozo, sino de tristeza. Sin embargo, a los que han sido ejercitados (adiestrados) por medio de ella, después les da fruto apacible de justicia" (He. 12:11).

Otro beneficio práctico del sufrimiento, que a veces se pasa por alto, es que puede conducir a relaciones que de otro modo no se establecen. Tiene el potencial de dar lugar a lo que podríamos llamar una comunidad de sufrimiento. Si bien la frase "a la miseria le gusta la compañía" se utiliza a menudo de forma peyorativa, no es menos cierto que las pruebas dan a los enfermos la oportunidad de consolarse y de ministrarse unos a otros. El apóstol Pablo apela a esta verdad cuando escribe a los corintios: "Pero si somos atribulados, es para el consuelo y salvación de ustedes... Y nuestra esperanza respecto de ustedes *está* firmemente establecida, sabiendo que como son copartícipes de los sufrimientos, así también *lo son* de la consolación" (2 Co. 1:6-7).

Una última ventaja práctica del sufrimiento consiste en que el evangelio puede progresar cuando las personas que no son creyentes ven a los cristianos reaccionar de una manera apropiada ante las pruebas. Pablo se refiere a esto cuando habla de manifestar la vida de Jesús en la carne (2 Co. 4:11), un proceso que el propio apóstol demostró cuando fue injustamente encarcelado en Filipos (Hch. 16:25), así como cuando estaba bajo arresto domiciliario en Roma (Fil. 1:12-14).

Sin embargo, los beneficios prácticos de las pruebas son eclipsados por el valor espiritual del sufrimiento. El mayor beneficio del sufrimiento es el crecimiento en la fe que se fomenta al obligar a las personas a confiar en Dios. Cuando la gente prospera, hay poca necesidad de una dependencia divina. Por el contrario, cuando los creyentes tienen luchas, rara vez andan muy lejos del Señor. Cuando se enfrentó a su "aguijón en la carne" no identificado, el apóstol Pablo oró tres veces buscando alivio; sin embargo, la respuesta cada vez de Jesús es: "Te basta Mi gracia, pues Mi poder se perfecciona en la debilidad" (2 Co. 12:9). Esta dinámica está detrás del refrán: "No me des pobreza ni riqueza; dame a comer mi porción de pan, no sea que me sacie y *te* niegue, y diga: '¿Quién es el Señor?' O que sea menesteroso y robe, y profane el nombre de mi Dios" (Pr. 30:8-9). Asimismo, las pruebas permiten a las personas identificarse con Cristo. Las tribulaciones de la vida, especialmente el dolor y el sufrimiento injusto, pueden dar a las personas una idea de la experiencia de Jesús en la cruz. Esa clase de sufrimiento puede enseñar la obediencia (He. 5:8); confirmar la salvación (Ro. 8:17) y, en última instancia, proporcionar una recompensa eterna (Hch. 14:22).

Dios conoce el sufrimiento

Una reflexión importante, en medio del dolor y el sufrimiento, es que Dios mismo está familiarizado con el sufrimiento. El cristianismo es único en su doctrina de la encarnación de Cristo, es decir, la enseñanza de que Dios se hizo carne y voluntariamente formó parte de la comunión del sufrimiento humano. Jesucristo no estuvo solamente familiarizado de manera periférica con el sufrimiento; Él experimentó un intenso sufrimiento físico y espiritual, todo a causa de su manifestación de amor perfecto. De hecho, dada la vida sin pecado de Jesús, Él es la única persona en toda la historia que realmente sufrió injustamente. Consideremos algunos de los pasajes que describen el intenso sufrimiento personal de Cristo: "'Mi alma está muy afligida, hasta el punto de la muerte', [Jesús] les dijo" (Mr. 14:34); "Y estando en agonía, oraba con mucho fervor; y Su sudor se volvió como gruesas gotas de sangre, que caían sobre la tierra" (Lc. 22:44); y en una de las declaraciones más cautivadoras de todas las Escrituras, dice: "Y alrededor de la hora novena (3 p.m.), Jesús exclamó a gran voz, diciendo... 'DIOS MÍO, DIOS MÍO, ¿POR QUÉ ME HAS ABANDONADO?'" (Mt. 27:46). Estos pasajes son aún más significativos a la luz del hecho de que Jesús era consciente de su inminente sufrimiento mucho antes de que ocurriera, incluso les habló a sus discípulos sobre ello (Mt. 16:21; Lc. 9:22); sin embargo, Él lo aceptó voluntariamente en favor de la humanidad (Is. 53:7; He. 2:10; 5:8).

Para los creyentes que sufren, el hecho de que la comunión del sufrimiento incluya a Cristo debe ser un gran consuelo. Como nos dice el escritor de Hebreos: "Así que, por cuanto los hijos participan de carne y sangre, también Jesús participó de lo mismo... Pues por cuanto Él mismo fue tentado en el sufrimiento, es poderoso para socorrer a los que son tentados" (He. 2:14, 18). El estímulo que viene del sufrimiento de Jesús no debe limitarse a su ejemplo para sus seguidores. Más bien, la razón del sufrimiento de Cristo debe tenerse en cuenta, es decir, Él sufrió como un sustituto, para recibir el justo castigo por los pecados de la humanidad. Como Isaías profetizó: "Ciertamente Él llevó nuestras enfermedades, y cargó con nuestros dolores. Pero Él fue herido (traspasado) por nuestras transgresiones, molido por nuestras iniquidades. El castigo, por nuestra paz, *cayó* sobre Él, y por Sus heridas (llagas) hemos sido sanados" (Is. 53:4-5). Esta enseñanza es importante, porque significa que los cristianos, si bien Dios puede disciplinarlos por amor (He. 12:3-11), no se verán afligidos por la ira de Dios. Mientras que el dolor y el sufrimiento abundan en el mundo caído, la razón para el sufrimiento de los creyentes no puede ser el castigo divino por los pecados, porque Jesús ya sufrió y murió por los pecados de sus seguidores. El precio ha sido pagado. En las palabras de Cristo: "Consumado es" (Jn. 19:30).

Dios es soberano

Una reflexión final, que debe tenerse en cuenta en medio del dolor y el sufrimiento, es el hecho de que Dios es soberano sobre todas las cosas. La soberanía de Dios incluye lo que Él hace, así como su permiso para los acontecimientos que Él sabe que sucederán. Ninguna prueba sucede aparte de la competencia soberana de Dios. Mientras que algunos han tratado de utilizar la presencia del sufrimiento en el mundo para argumentar en contra de la soberanía de Dios y de su bondad (o de ambas), el testimonio de las Escrituras es que el Señor es lo suficientemente soberano para utilizar el sufrimiento para llevar a cabo sus planes, y lo suficientemente amoroso también para permitir que sus hijos pasen por las pruebas necesarias para amoldarlos a su imagen. El apóstol Pablo lo expresa así: "Pues *esta* aflicción leve y pasajera nos produce un eterno peso de gloria que sobrepasa toda comparación..." (2 Co. 4:17). "Pues considero que los sufrimientos de este tiempo presente no son dignos de ser comparados con la gloria que nos ha de ser revelada" (Ro. 8:18).

A pesar del hecho de que Dios, en su soberanía, utilice el sufrimiento para llevar a cabo el bien, no hay que confundir eso con la idea de que el sufrimiento sea bueno. Hay una gran diferencia entre la enseñanza que afirma que Dios es lo suficientemente soberano como para usar el sufrimiento en el mundo caído para lograr un bien, y la idea de que Dios desea o necesita que sufran para lograr un bien. Quizá la imagen más clara de este hecho consista en la reacción de Jesús ante la muerte de su amigo Lázaro. En su Evangelio, Juan relata que, a pesar de que Jesús estaba a punto de resucitar a Lázaro de entre los muertos —un hecho del que Jesús era consciente—, aun así lloró abiertamente al llegar a la tumba de Lázaro. Cristo ya había enseñado a sus discípulos que la muerte de Lázaro no era permanente sino que era "para la gloria de Dios, para que el Hijo de Dios sea glorificado por medio de ella" (Jn. 11:4), sin embargo, Él derramó lágrimas cuando se enfrentó a los estragos del mal natural. Así, pues, mientras que el sufrimiento da al Señor la oportunidad de ser glorificado (cp. Ro. 11:32; Stg. 5:11), y Él es, sin duda, soberano para hacerlo, la verdad de que el pecado y el sufrimiento apenan el corazón de Dios no debe pasarse por alto. El Señor no necesita el sufrimiento para hacer el bien; sino que, en su soberanía, Dios es capaz de usar el sufrimiento para bien.

CONCLUSIÓN

Las Escrituras presentan el sufrimiento como una parte normativa de la vida cristiana. A diferencia de las afirmaciones de algunos defensores del evangelio de la prosperidad, el sufrimiento no es un indicador de falta de fe; sino que es probable que el sufrimiento y las persecuciones aumenten con la fe. Aunque la Biblia no presenta al sufrimiento como algo deseable, tampoco lo ve como un obstáculo para el plan de redención de Dios. Mientras se acerca el día en el futuro en el que no habrá más dolor ni sufrimiento, las Escrituras enseñan que las pruebas en el mundo actual caído son una herramienta que el Señor usa para promover la santificación de su pueblo.

Resumen de enseñanzas

- El evangelio de la prosperidad se centra en la evitación del sufrimiento, lo cual incluye el sufrimiento financiero, mental y físico.
- El dolor y el sufrimiento son comunes entre los personajes bíblicos, entre ellos David, Jesús y Pablo.
- El sufrimiento es una parte normativa de la vida cristiana y, de este lado de la tumba, es probable que aumente con la fe, a medida que esta crece.
- Existen tres fuentes principales de sufrimiento en este mundo actual: la maldición que pesa sobre el orden creado, el pecado personal y los pecados de otras personas.
- Algunas cosas para tener en cuenta sobre el sufrimiento incluyen los siguientes hechos: todos somos pecadores; todo el mundo posee libre albedrío; hay valor en el sufrimiento; Dios conoce el sufrimiento y Dios es soberano.

4

La enseñanza bíblica sobre la riqueza y la pobreza

Un aspecto del evangelio de la prosperidad que lo hace atractivo para muchos creyentes es que contiene elementos de verdad bíblica. Históricamente hablando, eso ha sido una característica de casi todas las falsas enseñanzas y herejías; pocos aceptarían una enseñanza que fuera claramente contraria a la Biblia.[1] Dentro de los círculos evangélicos, el grado en que el evangelio de la prosperidad ha conservado elementos de la verdad bíblica es, en general, el grado en que ha sido adoptado por creyentes cristianos. Los ejemplos especialmente graves de la teología de la prosperidad, como las enseñanzas de aquellos abiertamente asociados con el movimiento del Nuevo Pensamiento, no han sido tan aceptados como las ideas de los defensores moderados del evangelio de la

1. Jesús advirtió a sus seguidores: "Cuídense de los falsos profetas, que vienen a ustedes con vestidos de ovejas, pero por dentro son lobos rapaces" (Mt. 7:15). Observe que las pieles de ovejas eran la vestimenta de los profetas (He. 11:37).

prosperidad.[2] Sin embargo, el grado en que se mezcla la verdad y el error en una doctrina no debe verse como un barómetro de autenticidad, porque en lo que respecta a la verdad absoluta, una enseñanza que es parcialmente cierta es, en realidad, falsa por completo. En la Iglesia, las "medias verdades" son, a menudo, más peligrosas que las mentiras evidentes, porque su posibilidad de engañar es mucho mayor.

Ciertamente, la mezcla de verdad y error en las enseñanzas del evangelio de la prosperidad hace difícil, a menudo, separar la realidad de la ficción. Una cuestión más fundamental es: "¿Por qué tantos cristianos contemporáneos adoptan la teología de la prosperidad?". La conclusión ineludible es que muchos creyentes no tienen un conocimiento claro y firme de lo que la Biblia enseña en cuanto a la riqueza y la pobreza. Muchos cristianos no ven la riqueza y la pobreza como temas de debate moral. Muchos de ellos tienen una idea general de que el evangelio debe impulsarlos a dar dinero a la iglesia, e incluso mostrar preocupación por los pobres; pero los asuntos más amplios —por ejemplo, cómo se relacionan (o no) la riqueza/pobreza material y la riqueza/ pobreza espiritual— no están en sus mentes.

Una segunda razón para la falta de conocimiento sobre temas relacionados con la riqueza y la pobreza es la escasez de enseñanza bíblica sobre el tema dentro de la iglesia. La Christian Stewardship Association [Asociación Cristiana de Mayordomía] informa que solamente el 10 por ciento de las iglesias enseñan activamente el tema de la mayordomía bíblica y menos

2. Por ejemplo, Joel Osteen, Joyce Meyer y T. D. Jakes.

del 4 por ciento de las escuelas y seminarios cristianos ofrecen cursos sobre el uso del dinero.[3] La falta de enseñanza sobre el tema de las finanzas se ve agravado por el hecho de que, muchas veces, el material que se presenta en la iglesia está teológicamente sesgado, ya sea hacia el énfasis tradicionalmente moderado como ministerios de benevolencia o hacia ideas más conservadoras como la inversión y el presupuesto. Aunque todos los aspectos de la enseñanza bíblica sobre la riqueza y la pobreza son importantes, el hecho de enfatizar demasiado una sola área en particular, a expensas de las otras, puede distorsionar toda la doctrina. La mejor defensa contra las enseñanzas del evangelio de la prosperidad es una comprensión integral de la enseñanza bíblica sobre la riqueza y la pobreza.

La tercera razón para la ignorancia en la iglesia sobre temas relacionados con la riqueza y la pobreza es el hecho de que el material bíblico parece contradictorio o incoherente en algunas partes. Por ejemplo, en un extremo del espectro económico, las Escrituras parecen presentar la pobreza, a la vez, como una bendición y una maldición. Compare Proverbios 23:21, que advierte: "Porque el borracho y el glotón se empobrecerán", con la enseñanza de Jesús en Lucas 6:20, que dice: "Bienaventurados *ustedes* los pobres, porque de ustedes es el reino de Dios". Del mismo modo, en el otro extremo del espectro económico, una serie de pasajes describen las riquezas como una bendición y una maldición. Moisés enseñó a Israel: "Pero acuérdate del SEÑOR tu Dios, porque Él es el que te da poder para hacer riquezas" (Dt.

---

3. Christian Stewardship Association, "Dollars and Percents", *Stewardship Matters* 2, no. 1 (1998): 11.

8:18); sin embargo, Jesús observa en Mateo 19:23: "En verdad les digo que es difícil que un rico entre en el reino de los cielos". La narración bíblica está llena de ejemplos de individuos ricos y pobres, que son santos o malos, pero no conforme a un patrón regular. Esos ejemplos tan paradójicos pueden confundir a los lectores y desalentar a los creyentes de intentar construir una ética bíblica coherente de la riqueza y la pobreza.

A la luz de estos factores, exploraremos las enseñanzas bíblicas sobre la riqueza y la pobreza con la esperanza de arrojar luz sobre el tema y ofrecer a los creyentes una defensa contra las falsas enseñanzas del evangelio de la prosperidad.

El libro de Génesis

En los dos primeros capítulos de Génesis se puede encontrar material relacionado con este tema, o cualquier otro, en un escenario perfecto y sin pecado, antes de la caída. El relato de la creación es importante para el tema de la riqueza y la pobreza, ya que aporta un dato significativo; es decir, Dios creó a la humanidad con necesidades materiales. Estas incluyen la necesidad de alimento (Gn. 1:29; 2:9, 16), agua (Gn. 2:6, 10-14), compañerismo (Gn. 2:18), descanso (Gn. 2:1-4; Mr. 2:27), así como un clima supuestamente templado y un refugio adecuado. Esta observación significa que la presencia de necesidades materiales en el mundo, así como el deseo de satisfacerlas, no pueden ser intrínsecamente pecaminosos. Por tanto, mientras que otros tienden a imaginar la perfección o el paraíso (o tal vez imaginar el cielo) como un estado sin necesidades materiales, esa conclusión no parece estar justificada por el texto.[4] Por el contrario, para los seres humanos antes de la caída, el paraíso consistió en un estado divinamente diseñado en el que los hombres y las mujeres tenían la posibilidad de satisfacer sus necesidades materiales.

El relato de la creación pone de manifiesto que las personas no solo fueron creadas por Dios con necesidades materiales, sino que también fueron puestas por el Señor en un ambiente que era capaz de satisfacer esas necesidades; el mismo entorno en el que habitan hoy en día, aunque ahora en un estado caído y contaminado por el pecado. En otras palabras, como portadores de la imagen de Dios, los seres humanos se encontraron en un mundo ideal y con una tarea asignada, a fin de satisfacer sus necesidades materiales. Antes de que el pecado entrara en el orden creado, los seres humanos eran obreros, con el encargo de cuidar de la tierra y llenarla (Gn. 1:26, 28); y consumidores, a quienes se les dio hierbas y árboles para su alimento (Gn. 1:29; 2:9). Es de suponer que, si ellos tenían éxito en sus labores, tenían la capacidad de satisfacer sus necesidades materiales e incluso de generar riqueza. Por el contrario, si descuidaban sus necesidades materiales, eso daría lugar a la pobreza o, por lo menos, a un estado continuo de necesidad.

Si bien Adán fue inmediatamente fiel en su administración del orden de la creación, pues dio nombres

---

4. Un error relacionado es suponer que el mundo material es inferior al mundo espiritual. Este tipo de pensamiento platónico no solo degrada la naturaleza buena del mundo físico que Dios creó, sino que pasa por alto el hecho de que el hogar eterno de los creyentes será el presente mundo físico creado de nuevo (Hch. 3:21; Ro. 8:18-22; Ap. 21:1—22:5).

a los animales (Gn. 2:19-20), las Escrituras indican que la permanencia del hombre y de su esposa en el huerto del Edén fue aparentemente de corta duración.[5] Inmediatamente después de la narración de la creación en Génesis 1—2, el texto registra la caída de la humanidad en Génesis 3, un acontecimiento que cambió para siempre la vida de la primera pareja, junto con las vidas de aquellos que siguieron después. Si bien la caída de la humanidad fue sobre todo un acontecimiento espiritual, el cual consistió en el intento de usurpar la autoridad de Dios y, de esta manera, adorarse a sí mismos en vez de adorar a su Creador, había también aspectos materiales en la caída. Sin embargo, la caída no creó las necesidades materiales de la humanidad, ni tampoco las Escrituras indican que las aumentó. La caída y su consiguiente maldición afectaron significativamente al entorno en el que la gente trabajaba, así como su deseo de trabajar para satisfacer sus propias necesidades materiales.

Como parte de la maldición de la caída, el relato de la creación registra que la mujer ya no sería una ayuda bien dispuesta para su marido, la tarea para la que fue creada (Gn. 2:18), ni tampoco gozaría del parto sin dolor (Gn. 3:16). Del mismo modo, el hombre ya no sería capaz de trabajar la tierra con facilidad para proveer y proteger a su familia, porque ahora la tierra produciría cardos y espinos, y convertiría el trabajo en una tarea que exigiría sudor y esfuerzo (Gn. 3:17-19). Sin embargo, a pesar de la maldición,

---

5. Observe que, a pesar de haber recibido el mandato de procrear (Gn. 1:28), Adán y Eva no tuvieron hijos hasta después de la caída (Gn. 4:1); se puede deducir de esto que su estadía en el huerto del Edén fue bastante breve.

los deberes del hombre y de la mujer para satisfacer sus necesidades materiales se mantuvieron intactos. Si bien fueron puestos bajo una maldición por su pecado, en cuanto a su constitución, eran (y siguen siendo) portadores de la imagen de Dios, pues la caída no alteró ese hecho (Gn. 9:5-6; 1 Co. 11:7). Dado que el trabajo es una de las formas en que la humanidad lleva funcionalmente la imagen de Dios, la responsabilidad de trabajar para satisfacer las necesidades materiales persiste.

Aunque lo hemos tratado en el capítulo anterior, puede que sea útil recordar aquí por qué el Señor puso el orden creado bajo una maldición e hizo más difícil que las personas satisficieran sus necesidades materiales, un hecho que aumentó inevitablemente la posibilidad de ser pobre. En su epístola a los Romanos, Pablo aborda este tema cuando explica: "Porque el anhelo profundo de la creación es aguardar ansiosamente la revelación de los hijos de Dios. Porque la creación fue sometida a vanidad, no de su propia voluntad, sino por causa de Aquél que la sometió, en la esperanza de que la creación misma será también liberada" (Ro. 8:19-21; cp. Gn. 3:17). No fue por ira que Dios maldijo la tierra, ni fue un intento de crear dificultades materiales para los hombres y las mujeres como castigo retributivo. Más bien, el Señor sometió el orden creado a los efectos del pecado por amor, en la esperanza de que eso llevara de vuelta a las personas al Señor, de quien habían huido, y que comprendieran que Dios es el Creador, Sustentador y Proveedor de todas las cosas. No es de extrañar que sean los pobres —aquellos que sienten más agudamente los efectos materiales de la caída— quienes más acuden a Cristo, como la vida y enseñanza de Jesús dan testimonio (Mt. 5:3; Lc. 6:20).

La ley del Antiguo Testamento

La ley del Antiguo Testamento queda registrada en el Pentateuco —los cinco primeros libros de la Biblia— y consiste en cientos de normas dadas con el propósito de organizar un modelo de gobierno centrado en Dios. Si bien el contexto de las Escrituras revela que algunas leyes son solo aplicables directamente a la teocracia de Israel; no obstante, es ampliamente reconocido que esas leyes son aplicaciones culturales de tiempo limitado de unos principios morales e inmutables. Un estudio de los pasajes donde se tocan temas económicos de la ley del Antiguo Testamento puede ayudar a los lectores contemporáneos a entender el marco moral inmutable sobre el que descansa la enseñanza bíblica sobre la riqueza y la pobreza.

Existen decenas de normas en la ley que tratan la vida económica del pueblo de Dios y la mayoría de ellas se refieren a la institución del sábado, que tenía tres diferentes manifestaciones dentro de la teocracia hebrea. Primero, estaba el día del sábado que establecía el cese de las labores ordinarias para las personas y los animales, uno de cada siete días. Segundo, el año sabático, que debía ser observado cada siete años (Éx. 23:10-11; Lv. 25:1-7; Dt. 15:1-18). Durante el año sabático, la gente, los animales y la tierra tenían que descansar de su trabajo habitual. Además, todas las deudas pendientes entre los judíos tenían que ser perdonadas. Tercero, la institución del sábado se manifestaba en el año del jubileo (Lv. 25:8-55; 27:16-25). El jubileo, que se celebraba cada cincuenta años —después de siete ciclos del año sabático— implicaba el descanso de las personas, los animales y la tierra, así como la devolución de todas las tierras y la mayoría de las casas a sus propietarios originales.

Si bien los aspectos económicos de la ley abordan una serie de temas, toda la legislación relacionada con la riqueza y la pobreza parece estar orientada hacia el logro de dos objetivos. El primero es la promoción del ideal de la creación de trabajar y descansar (es decir, de confiar) en el Señor para satisfacer las necesidades materiales. Si bien la caída dio lugar a una maldición sobre la tierra y la humanidad, eso no disminuyó la responsabilidad que tenían las personas antes de la caída de trabajar para satisfacer sus necesidades materiales. La estructura del sábado, en la que se basaban muchas de las regulaciones relacionadas con la riqueza y la pobreza, ayudó a ordenar la vida social judía mediante el fomento de un programa de trabajo y descanso, que incluía la adoración formal e incluso tiempo para el ocio. Al observar este ciclo regular de trabajo y descanso, y cumplir con las leyes económicas afines, los judíos fueron capaces de llevar funcionalmente la imagen de Dios y dar testimonio de la bondad del diseño de la creación. El patrón de trabajo y descanso, comunicado por las leyes económicas, fomentaba la confianza en el Señor, al evitar que el pueblo de Dios hiciera del trabajo una fuente primordial de su seguridad, y demostraba el plan de redención de Dios, que viene de descansar en el Señor y no mediante las obras (Is. 56:4-7; Ez. 20:12).

Una segunda meta es la protección del pueblo de los pecados relacionados con la riqueza y la pobreza.

Si bien es cierto que la estructura subyacente del sábado de las regulaciones económicas benefició a todos, un propósito más específico de estas leyes era impedir la opresión de los pobres por los ricos. Por ejemplo, el objetivo de proteger a los pobres puede verse en la eliminación de las deudas en el año sabático (Dt. 15:1-3); la prohibición de prorrateo de la benevolencia en vista de la proximidad del año sabático (Dt. 15:9-10); la reversión de la propiedad en el año del jubileo (Lv. 25:8-34); la liberación en el año del jubileo de los siervos obligados a trabajar (Lv. 25:35-55); y la continuación de los derechos de espigar durante el año sabático (Éx. 23:11), entre otras muchas regulaciones económicas. En resumen, las leyes de este tipo reconocían la posibilidad de la opresión de los pobres por los ricos y trató de orientar a la sociedad hebrea hacia el ideal de la provisión para todos.

Sin embargo, cabe señalar que las leyes económicas de la teocracia hebrea no impedían ni desalentaban a las personas para acumular riquezas o, si vamos al caso, para convertirse en pobres. Las Escrituras no elogian ni condenan la posesión o la carencia de bienes materiales. Sin embargo, sí condenan los pecados que contribuyen o surgen a partir de la riqueza y la pobreza. Las leyes económicas del Antiguo Testamento no fueron diseñadas para proteger el ideal de la igualdad, sino el de la justicia. Las personas no solo tuvieron la libertad de llegar a ser ricos o pobres dentro de cada ciclo sabático, sino que no todo era económicamente restablecido por las diversas manifestaciones del sábado. Por ejemplo, la ley permitía que las casas dentro de las ciudades amuralladas pudieran venderse de forma permanente (Lv. 25:29-30), así como que un siervo se vendiera voluntariamente para toda la vida a un amo amado (Dt. 15:12-18). Estas leyes ponen de relieve el hecho de que, si bien la justicia defiende el ideal de la provisión para todos, no requiere una distribución igualitaria de los recursos. Como especialista en ética, John Frame ha señalado que la igualdad no es obligatoria en las Escrituras.[6] En vista de la justicia y en reconocimiento de la realidad del pecado, las partes económicas de la ley del Antiguo Testamento fueron diseñadas para proteger y para corregir las distorsiones en el paradigma del trabajo, como un medio para satisfacer las necesidades materiales.

> LAS ESCRITURAS NO ELOGIAN NI CONDENAN LA POSESIÓN O LA CARENCIA DE BIENES MATERIALES.

LOS PROFETAS Y LOS ESCRITOS

A medida que la nación judía crecía y se transformaba de una forma de gobierno teocrática a una forma monárquica, el pueblo se enfrentó a una serie de nuevos retos económicos; entre ellos, evitar la exaltación propia de los reyes de Israel, la cual puede surgir de la acumulación excesiva de riquezas (Dt. 17:16-17); las cuestiones relacionadas con los impuestos guber-

6. John Frame, *The Doctrine of the Christian Life: A Theology of Lordship* (Phillipsburg, NJ: P&R, 2008), 824.

namentales (1 S. 8:10-18)[7] y el continuo deber del diezmo (Mal. 3:8-12). El concepto del diezmo se abordará en el capítulo 5. No obstante, los fundamentos de la enseñanza bíblica sobre la riqueza y la pobreza siguieron siendo los mismos. Trabajar para satisfacer las necesidades materiales era bueno; así como el deber de proteger a los pobres de ser oprimidos por los ricos. La información de carácter económico en el Antiguo Testamento que viene después de la ley se puede resumir de la siguiente manera: los libros históricos narran los registros judíos (sobre todo de sus reyes) sobre la riqueza y la pobreza; los libros sapienciales defienden los ideales económicos creacionales, y los libros proféticos confrontan a los judíos por su fracaso de no haber manejado adecuadamente la riqueza y la pobreza.

Dentro de los Profetas y los Escritos —los libros del Antiguo Testamento que siguen al Pentateuco— los libros sapienciales probablemente contengan la mayor cantidad de material relacionado con la economía. El ideal de la creación de trabajar para satisfacer las necesidades materiales se menciona con frecuencia en la literatura sapiencial. Por ejemplo, el libro de Proverbios señala que "la mano de los diligentes enriquece... El que labra su tierra se saciará de pan" (Pr. 10:4; 28:19). Del mismo modo, el trabajo es alentado implícitamente en los libros de sabiduría con advertencias contra la ociosidad, como: "Un poco de sueño, un poco de dormitar, y cruzar por

7. Antes de la institución de la monarquía, el único impuesto formal que se requería de los judíos era el impuesto del templo/tabernáculo que se usaba para atender los gastos del funcionamiento diario del lugar judío de adoración.

un poco las manos para reposo; así vendrá tu necesidad como caminante, y tu pobreza como hombre armado... el alma negligente padecerá hambre... No ames el sueño, para que no te empobrezcas" (Pr. 6:10-11; 19:15; 20:13).

El deber de proteger y cuidar a los pobres se prescribe también con frecuencia en la literatura sapiencial. El libro de Proverbios anima a los creyentes: "Abre tu boca, juzga con justicia, y defiende los derechos del afligido y del necesitado" (Pr. 31:9). Se advierte también a los lectores en contra de la opresión de los pobres por medio de préstamos abusivos y la extorsión (Sal. 15:5; Pr. 28:8). Los libros sapienciales también vinculan explícitamente la justicia con la generosidad (Pr. 14:21; 29:7; 31:20), igualando incluso los préstamos a los pobres con los préstamos para el Señor (Pr. 17:5; 19:17), el cual es un tema que también aparece en el Nuevo Testamento (Mt. 25:31-46). Por otra parte, existen pasajes que advierten sobre el castigo divino por ignorar a los pobres. Por ejemplo, Proverbios 21:13: "El que cierra su oído al clamor del pobre, también él clamará y no recibirá respuesta". El tema del Señor liberando a los pobres de la opresión de los impíos también aparece a menudo en los Salmos.

LOS EVANGELIOS

Todas las leyes del Antiguo Testamento relacionadas con la riqueza y la pobreza estaban en vigor para Israel en tiempos del Nuevo Testamento; sin embargo, con toda probabilidad, no todas eran debidamente observadas. Esto es cierto no solo debido a la decadencia moral y espiritual del pueblo de Dios, sino también porque Israel estaba bajo el dominio romano y su imposición de impuestos desde, al menos, el año 63 a.C. y durante la era del Nuevo Testamento. Esta ocupación extranjera llevó al empobrecimiento de muchos e hizo difícil, o tal vez imposible, la observancia de muchas de las leyes y principios económicos del Antiguo Testamento. Este era el mundo en el que nació Jesucristo, y su vida y sus enseñanzas tienen, cada una, algo que aportar hacia una ética bíblica sobre la riqueza y la pobreza.

Establecer una ética detallada de la riqueza y la pobreza, a partir del ejemplo de la vida de Cristo, puede ser desafiante, ya que es posible poner de relieve tanto la riqueza como la pobreza en su vida y ministerio. Si centráramos la atención en la pobreza, esto nos llevaría a acentuar el hecho de que Jesús nació en un pesebre (Lc. 2:7) y que fue parte de una familia obrera o, en el mejor de los casos, de una familia de clase media trabajadora. José, el padre terrenal de Jesús, era un trabajador, un carpintero (Mt. 13:55), una actividad que, al parecer, Cristo mismo adoptó más tarde (Mr. 6:3). En el nacimiento de Jesús, José y María eran lo suficientemente pobres como para calificarlos para ofrecer dos palomas en la ceremonia de purificación de la mujer después del parto, en vez del cordero habitual (Lc. 2:24). Durante su ministerio terrenal, Jesús se identificó y ayudó a muchos de las clases bajas —entre ellos, prostitutas, huérfanos, viudas y otros marginados sociales y económicos— y hasta declaró: "Las zorras tienen madrigueras (cuevas) y las aves del cielo nidos, pero el Hijo del Hombre no tiene dónde recostar la cabeza" (Mt. 8:20). Según parece, durante su ministerio, no tenía casa, ni tierra, ni ingresos regulares.[8] Pedir prestado era una práctica común en el tiempo del ministerio terrenal de Jesús, y Él hasta recibió prestada una barca desde donde predicar, alimentos para multiplicarlos, un pollino sobre el cual montar, una habitación en la que reunirse e incluso una tumba en la que ser sepultado.

No obstante, los Evangelios muestran que hubo poder y riqueza material en la vida y ministerio de Jesús. Él interactuó con frecuencia con la élite religiosa, como los escribas, los saduceos y los fariseos, así como los miembros del Sanedrín, entre ellos Nicodemo y José de Arimatea (Jn. 3:1-21; 19:38). Además, Cristo ministró a los individuos poderosos y ricos como el joven rico (Mt. 19:16-24), a un centurión (Lc. 7:1-5), y a algunos recaudadores de impuestos, tales como Leví y Zaqueo. Jesús asistía en ocasiones a fiestas y reuniones públicas (Lc. 5:29-32; Jn. 2:1-11); aceptaba invitaciones para cenar con los ricos y poderosos (Lc. 11:37; 14:1-6); usó analogías de inversión propias de la banca con el fin de ilustrar sus parábolas (Mt. 25:14-30; Lc. 19:11-27) y, en más de una oportunidad, recibió amablemente costosos regalos de sus seguidores (Lc. 7:36-39; Jn. 12:1-3).

Sería difícil demostrar que Jesús favoreciera la posesión de riquezas o, por el contrario, un estado de pobreza en su práctica y enseñanza. De hecho,

---

8. Las necesidades materiales de Jesús, así como las de sus discípulos, fueron, al parecer, atendidas por las mujeres que le seguían y eran parte de su ministerio (Lc. 10:38-42; Jn. 12:1-11). Esta forma sencilla de vida liberó a Jesús y a sus discípulos de muchas de las preocupaciones que acompañan a la gestión fiscal. Ese acuerdo puede haber sido necesario, dada la breve duración del ministerio terrenal de Cristo.

un estudio de los Evangelios revela que, si bien los asuntos económicos surgieron con frecuencia en la vida y ministerio de Cristo, Él no dio un plan económico sistemático y detallado a sus seguidores. Por el contrario, el ejemplo y las enseñanzas de Jesús sobre la riqueza y la pobreza son de amplio alcance y su impacto espiritual es lo que suele enfatizarse. En realidad, las citas sobre el aspecto económico de la vida y ministerio de Cristo son, a menudo, periféricas en cuanto al punto principal de las narraciones en que se encuentran. No obstante, es posible resumir los dos puntos principales de la ética económica de Jesús.

Primero, un tema importante en la vida de Jesús en relación con la riqueza y la pobreza es el deber de los creyentes de atender a los pobres. El énfasis del Antiguo Testamento en el cuidado de los pobres es bien evidente en el ministerio de Cristo. La pobreza en sí misma no se presenta en los Evangelios —ni en las Escrituras— como intrínsecamente pecaminosa. Durante su encarnación, Jesús fue relativamente pobre, a veces voluntariamente, pero sin pecado (2 Co. 5:21; He. 4:15). Sin embargo, la Biblia sí reconoce que las causas y los efectos de la pobreza son, en ocasiones, pecaminosos. Por tanto, los creyentes deben trabajar para aliviar la pobreza involuntaria, porque eso es lo que hizo Cristo y está de acuerdo con el evangelio.

Jesús comenzó su ministerio con una cita de Isaías 61:1: "El Espíritu del Señor está sobre mí, por cuanto me ha ungido para dar buenas nuevas a los pobres" (Lc. 4:18, RVR-1960), y durante su ministerio terrenal, ese fue el ejemplo de Cristo. Cuando los creyentes cuidan a los pobres, imitan a Jesús y, al hacerlo, en realidad le ministran a Él (Mt. 25:31-46). Ese ministerio es el cumplimiento y la descripción del plan de redención de Dios, que tiene por objeto la restauración de todas las cosas (Hch. 3:21; Ro. 8:21), entre ellas la adecuada administración de los recursos materiales. Aunque siempre habrá pobreza involuntaria antes del regreso del Señor (Mr. 14:7), trabajar con el fin de satisfacer las necesidades de los pobres es un deber de los miembros del cuerpo de Cristo.

Un segundo tema recurrente en las enseñanzas de Cristo es que la riqueza puede ser un obstáculo espiritual. Los creyentes tienen que estar alerta en cuanto a las tentaciones de la riqueza material. Esto complementa la idea del cuidado de los pobres, porque si la riqueza no es idolatrada, atender a los necesitados se convierte en una aplicación natural de la correcta mayordomía. Este tema es evidente en una de las declaraciones más conocidas de Jesús, cuando reflexiona sobre la interacción con el líder joven y rico: "En verdad les digo que es difícil que un rico entre en el reino de los cielos" (Mt. 19:23).

Si analizamos el contexto, no parece una declaración universal sobre los males necesarios de la riqueza material; fue, en realidad, la evaluación de Cristo del carácter de aquel líder joven y rico, cuyas acciones demostraban que valoraba más la posición material que su propio bienestar espiritual. El tema de la riqueza como un posible obstáculo espiritual se ve también en el hecho de que era común que los discípulos de Jesús abandonaran voluntariamente sus bienes materiales con el fin de seguirle (Mt. 19:27; Mr. 1:18; 10:28). Esto parece ser una especie de requisito previo para todos los seguidores de Jesús, pues cuando instruía a una gran multitud fuera de Jerusalén, Cristo enseñó: "Así pues, cualquiera de ustedes que no renuncie a todas sus posesiones, no puede ser Mi discípulo" (Lc. 14:33).

Si bien hay numerosos ejemplos en los Evangelios de individuos para los cuales la riqueza era una piedra de tropiezo espiritual —los fariseos "que eran avaros" (Lc. 16:14), los cambistas en el templo (Mt. 21:12-13) y Judas Iscariote (Mt. 26:14-16; Jn. 12:4-6)—, la advertencia de Jesús acerca de los tropiezos de las riquezas no debe entenderse como una prohibición total de la acumulación y disfrute de bienes materiales. Como ya se ha señalado, en su vida y ministerio Cristo mismo se benefició de la riqueza de los demás e incluso instruyó a sus discípulos en el uso de los bienes materiales para su propio beneficio espiritual (Lc. 22:35-36). Las personas ricas, entre ellas Zaqueo y José de Arimatea, siguieron a Jesús; y otros, como el endemoniado gadareno, querían dejar todo para seguirle, pero Cristo mismo les aconsejó que no lo hicieran (Mr. 5:18-19). Las advertencias de Jesús acerca de la riqueza como una piedra de tropiezo espiritual se dan como una amonestación aleccionadora, pero no deben llevarse más allá de su aplicación prevista. Quizás un buen resumen de este tema en las enseñanzas de Jesús sea sus palabras en el Sermón del Monte: "No acumulen para sí tesoros en la tierra... sino acumulen tesoros en el cielo... porque donde esté tu tesoro, allí estará también tu corazón" (Mt. 6:19-21).

Los Hechos y las Epístolas

De manera similar a los Profetas y los Escritos en el Antiguo Testamento, el libro de Hechos y las

Epístolas dejan constancia en el Nuevo Testamento de los éxitos y fracasos morales del pueblo de Dios. En cuanto a la economía, los ideales familiares del trabajo y del cuidado de los pobres, así como la advertencia acerca de la riqueza como una posible piedra de tropiezo espiritual, están presentes en su totalidad. Dada la falta de énfasis en el trabajo que encontramos en los Evangelios, sorprende observar la regularidad con que se apela a este ideal de la creación en las Epístolas. Pablo menciona a menudo el deber de trabajar, pues el apóstol consideraba al trabajo como medio para satisfacer las necesidades materiales, una parte normal de la vida cristiana. Pablo escribe: "El que roba, no robe más, sino más bien que trabaje, haciendo con sus manos lo que es bueno" (Ef. 4:28), y "Pero les instamos, hermanos… trabajen con sus manos, tal como les hemos mandado" (1 Ts. 4:10-11). Pablo no solo cree que el trabajo honrado debe ser obligatorio para los creyentes, sino también que el trabajo es un medio de satisfacer las necesidades materiales, porque "el obrero es digno de su salario" (1 Ti. 5:18; cp. Mt. 10:10; Lc. 10:7).

Pablo enseña que el trabajo proporciona a los obreros una oportunidad para satisfacer las necesidades de los pobres. El apóstol exhorta a los efesios a trabajar, en parte, para que, de esta manera "[tengan] qué compartir con el que tiene necesidad" (Ef. 4:28). Pablo, con frecuencia, se presenta a sí mismo como un modelo en este sentido. En el libro de Hechos, él recuerda a la iglesia de Mileto: "En todo os he enseñado que, trabajando así, se debe ayudar a los necesitados" (Hch. 20:35, RVR-1960; cp. 1 Co. 4:12; 9:6; 1 Ts. 2:9). El énfasis de Pablo en el trabajo se puede ver en sus repetidas advertencias sobre la ociosidad: "Si alguien no quiere trabajar, que tampoco coma" (2 Ts. 3:10).

Santiago exhorta a sus lectores con la siguiente enseñanza: "La religión pura y sin mancha delante de *nuestro* Dios y Padre es ésta: visitar a los huérfanos y a las viudas en sus aflicciones" (Stg. 1:27). El ejemplo del apóstol Pablo concuerda con las palabras de Santiago: él era alguien que ayudaba a los pobres. Eso es evidente en el ministerio diario del apóstol, así como en las ofrendas de amor periódicas que había recibido y distribuido de parte de las iglesias a las que había ministrado (Ro. 15:25-28; 1 Co. 16:1-4; 2 Co. 9:8-9).

En el Nuevo Testamento, la experiencia que muestra el cuidado de los pobres es el ejemplo de vida comunal en la iglesia primitiva. Hechos 2:44-45 y 4:32-35 nos informan de esa experiencia:

> Todos los que habían creído estaban juntos y tenían todas las cosas en común; vendían todas sus propiedades y sus bienes y los compartían con todos, según la necesidad de cada uno... La congregación (La multitud) de los que creyeron era de un corazón y un alma. Ninguno decía ser suyo lo que poseía, sino que todas las cosas eran de propiedad común. Con gran poder los apóstoles daban testimonio de la resurrección del Señor Jesús, y había abundante gracia sobre todos ellos. No había, pues, ningún necesitado entre ellos, porque todos los que poseían tierras o casas las vendían, traían el precio de lo vendido, y lo depositaban a los pies de los apóstoles, y se distribuía a cada uno según su necesidad.

Si tenemos en cuenta la presentación y resultados positivos de esta vida en común en la iglesia de Jerusalén, es comprensible que algunos, a lo largo de la historia de la Iglesia, hayan visto esta situación como normativa para la vida cristiana. Sin embargo, varios factores hacen poco probable esa conclusión. Primero, hay que señalar que Hechos 2:44-45 y 4:32-35 son pasajes narrativos en vez de prescriptivos. Además, existen numerosos pasajes y ejemplos en la Biblia que contradicen la idea de la vida comunal como un requisito para los creyentes. Estos pasajes incluyen Mateo 25:14-30; Hechos 5:4; 2 Corintios 8:1—9:15; y 2 Tesalonicenses 3:7-10. En lugar de ver Hechos 2:44-45 y 4:32-35 como una norma para la vida cristiana, parece que es mejor entender esta situación en la vida de la iglesia primitiva como una aplicación del principio de cuidar de los pobres. En otras palabras, muchos en la iglesia primitiva eran pobres; por tanto, los miembros del cuerpo de Cristo, simplemente, unieron sus recursos para satisfacer las necesidades de sus hermanos y hermanas. Se trataba de una aplicación contextual del evangelio, en lugar de un principio moral eterno o una receta para un determinado sistema político o económico.[9]

---

9. Algunos han ido más allá de afirmar que Hechos 2:44-45 y 4:32-35 son normativos para la vida cristiana, pues sugieren que este pasaje apoya el comunismo marxista. Además de los problemas citados en el texto en cuanto a la aplicación de Hechos 2:44-45 y 4:32-35 a la iglesia moderna, observe las siguientes diferencias entre el ejemplo de vida comunal en Hechos y el comunismo marxista: fue espontáneo, no planeado; fue voluntario, no impuesto; fue privado, no controlado por el gobierno; fue una bendición, no un derecho social; involucraba relaciones personales, no una burocracia

Segundo, la enseñanza de los Evangelios de que la riqueza puede ser una piedra de tropiezo espiritual está también presente en el libro de Hechos y en las Epístolas. Este tema puede verse en el más conocido y, probablemente, el peor citado de las enseñanzas de Pablo sobre las finanzas: "Porque la raíz de todos los males es el amor al dinero, por el cual, codiciándolo algunos, se extraviaron de la fe y se torturaron con muchos dolores" (1 Ti. 6:10). El apóstol continúa: "A los ricos en este mundo, enséñales que no sean altaneros ni pongan su esperanza en la incertidumbre de las riquezas, sino en Dios, el cual nos da abundantemente todas las cosas para que las disfrutemos. *Enséñales* que hagan bien, que sean ricos en buenas obras, generosos y prontos a compartir, acumulando para sí el tesoro de un buen fundamento para el futuro, para que puedan echar mano de lo que en verdad es vida" (1 Ti. 6:17-19). Igual que Jesús en los Evangelios, Pablo advierte claramente sobre los peligros espirituales que acompañan al amor al dinero, en lugar de los males del dinero en sí mismo.

En el libro de Hechos y en las Epístolas, también se ve el tema de la riqueza como una posible piedra de tropiezo espiritual en las advertencias sobre la codicia y la avaricia. Estos libros contienen muchas advertencias directas sobre la codicia, como por ejemplo: "*Sea el* carácter de ustedes sin avaricia, contentos con lo que tienen" (He. 13:5), así como muchos ejemplos de aquellos que fueron culpables de ese pecado. Entre ellos, se encuentran a Ananías y su esposa (Hch. 5:1-10), Simón el Mago (Hch. 8:18-23), los dueños de

---

estéril; fue impulsado por el amor de los ricos, no por la envidia de los pobres; y fue sostenido por la propiedad privada, en vez de eliminar la propiedad privada.

la esclava de la que Pablo expulsó un demonio (Hch. 16:19), el platero Demetrio (Hch. 19:24-27), Félix (Hch. 24:26) y Demas (2 Ti. 4:10). Estos ejemplos y los contextos en los que se producen llevan a la misma conclusión que Pablo transmite en Efesios 5:5: "Porque con certeza ustedes saben esto: que ningún inmoral, impuro, o avaro… tiene herencia en el reino de Cristo y de Dios". El pecado de la codicia descalifica a una persona del ministerio (1 Ti. 3:3) y es una señal de la apostasía de los últimos tiempos (2 Ti. 3:2; 2 P. 2:1-3).

SÍNTESIS

El estudio bíblico anterior ha puesto de manifiesto tres grandes temas económicos en las Escrituras. Primero, de acuerdo con el relato de la creación, el trabajo es bueno. Por medio del trabajo, las personas llevan funcionalmente la imagen de Dios y satisfacen sus necesidades materiales. Segundo, los seguidores del Señor deben servir a los pobres. Este ideal se ve en la ley hebrea y se observa un énfasis importante en los Evangelios. Cuidar de los pobres significa ser como Cristo y es una manifestación de la autenticidad de su relación con el Señor. Tercero, la riqueza puede ser un obstáculo espiritual. Pese a que los bienes materiales no son inherentemente malos, la riqueza es sin duda uno de los más grandes ídolos que la gente persigue. Los miembros de la comunidad de la fe deben vigilar cuidadosamente ese escollo espiritual.

Estos tres aspectos económicos están íntimamente relacionados. Si uno trabaja y genera riqueza, los recursos estarán disponibles para satisfacer las necesidades de los pobres. Si se emplean los recursos materiales en ministrar a aquellos que son pobres, la riqueza no se convertirá en un obstáculo espiritual. Pero si la riqueza se convierte en una piedra de tropiezo espiritual (incluso la riqueza adquirida por el trabajo honrado), es improbable que se usen los recursos materiales —al menos no en una cantidad proporcionalmente suficiente— para satisfacer las necesidades de los pobres.

Si tenemos en cuenta que ni la riqueza ni la pobreza son explícitamente elogiadas o condenadas en las Escrituras, es mejor llegar a la conclusión de que, si bien puede haber una relación entre la riqueza/pobreza material y riqueza/pobreza espiritual, tal conexión no es un requisito. En lugar de afirmar —como lo hacen los defensores del evangelio de la prosperidad— que la riqueza material es un barómetro de la riqueza espiritual, es mejor reconocer sencillamente que, debido a los rasgos morales que acompañan a la riqueza espiritual (laboriosidad, honradez, diligencia, etc.), la riqueza material es, a menudo, una consecuencia. Sin embargo, no siempre es así. Puede ser que una persona espiritualmente rica tenga un empleo de baja remuneración, sea despedida, sea engañada, enferme o, sencillamente, decida desprenderse de la riqueza para satisfacer las necesidades de los pobres, como lo hizo Cristo.

Conclusión

Un estudio de las enseñanzas bíblicas sobre la riqueza y la pobreza deja claro que el evangelio de la prosperidad no es el evangelio bíblico. Mientras que el evangelio bíblico anima a la gente a trabajar con el fin de satisfacer sus necesidades, el evangelio de la prosperidad hace hincapié en acceder a fuerzas místicas de la fe, con el propósito de satisfacer las necesidades materiales. Mientras que el evangelio bíblico enfatiza el hecho de centrarse en las necesidades materiales del prójimo, en especial, de aquellos que son pobres, el evangelio de la prosperidad se centra en la adquisición de riqueza para uno mismo; y, por último, mientras que el evangelio bíblico advierte sobre los peligros espirituales de la riqueza acumulada, el evangelio de la prosperidad se obsesiona con la posibilidad de la acumulación de riquezas. El evangelio de la prosperidad no es, en absoluto, el evangelio.

RESUMEN DE ENSEÑANZAS

- Una de las mejores defensas contra las enseñanzas del evangelio de la prosperidad es una comprensión integral de las enseñanzas bíblicas sobre la riqueza y la pobreza.
- Dios creó a las personas con necesidades materiales, así como con el deseo y la capacidad de satisfacerlas.
- Las leyes económicas del Antiguo Testamento se basan en los ideales del trabajo y el descanso, así como la advertencia al pueblo de Dios de no caer en los pecados relacionados con la riqueza y la pobreza.
- Jesús no dio un plan económico sistemático y detallado, sino que, en los Evangelios, su ejemplo y sus enseñanzas sobre la riqueza y la pobreza son de gran alcance y su impacto espiritual es lo que suele ser enfatizado.
- No existe necesariamente una relación entre riqueza/pobreza material y riqueza/pobreza espiritual.

5

LA ENSEÑANZA BÍBLICA SOBRE EL DIEZMO Y LAS OFRENDAS

El evangelio de la prosperidad hace hincapié en el logro de la riqueza, la salud y el éxito general en la vida. Este énfasis es tan grande que incluso los medios de comunicación seculares han prestado atención. La portada de la revista *Time* de septiembre de 2006 preguntaba: "¿Quiere Dios que usted sea rico?". Más recientemente, *The New York Times* tituló su reportaje sobre una asamblea de fieles del evangelio de la prosperidad en la Convención de Creyentes del Suroeste de 2009: "Los creyentes invierten en el evangelio de hacerse ricos". Un común denominador en estos dos artículos, así como en otros análisis seculares del evangelio de la prosperidad, es un cuestionamiento de la motivación, el mensaje y la metodología del evangelio de la prosperidad. En otras palabras, incluso los medios de comunicación seculares sienten que algo anda mal con la idea de dar dinero a Dios con el único fin de obtener de Él bendiciones materiales. Este tipo de mensaje va en contra de las creencias del cristianismo histórico.

Los problemas con el evangelio de la prosperidad invitan a varias preguntas relacionadas con la enseñanza bíblica sobre el acto de dar. Examinaremos tres: "¿Por qué deben dar de sus bienes los cristianos?", "¿Cuánto deben dar los cristianos?" y "¿A quién deben dar los cristianos?".

¿POR QUÉ DEBEN DAR DE SUS BIENES LOS CRISTIANOS?

Ser un mayordomo fiel es un gran reto para todos los cristianos que viven en una sociedad impulsada por el consumo materialista. Muchos creyentes no están ni siquiera familiarizados con el concepto de mayordomía. En el Nuevo Testamento, el término "mayordomía (administración)" combina las palabras griegas para "casa" (*oikos*) y "mandato" (*nomos*). El término se refiere básicamente a un administrador empleado por un propietario y encargado de gobernar los asuntos de su casa (Lc. 16:1-8; 12:42; Gá 4:2). Del mismo modo, los cristianos han sido encargados por Dios de ser mayordomos del mundo material que Él ha creado (Gn. 1:28-30). Como administradores del orden de la creación, los cristianos tienen que administrar fielmente lo que el Señor les ha confiado. Uno de los aspectos de la administración de los recursos de Dios es dar de sus bienes, y la Biblia provee de varias motivaciones para que el pueblo de Dios así lo haga.

EL ACTO DE DAR ES PARTE DE LA OBEDIENCIA A DIOS

Primero, el acto de dar es parte de la obediencia a Dios. Los cristianos están obligados a dar de aquello que les ha sido confiado. En el Antiguo Testamento,

Dios estableció un sistema particular de dar bajo la ley mosaica llamado "diezmo". Este sistema consistía en varios tipos diferentes de diezmos que suponía dar una décima parte del incremento material de la persona, lo cual incluía los productos agrícolas, el ganado, los cereales, el vino, el aceite y otros bienes materiales. Dios mandó a los israelitas sostener a los levitas, para facilitar la adoración ante el Señor, así como cuidar de los necesitados en la sociedad.

En el Nuevo Testamento, Dios mandó a los cristianos dar de sus bienes con el fin de ayudar a los creyentes, a los forasteros y a los pobres. Los cristianos deben demostrar su fe y amor por otros a través de sus obras, entre ellas la benevolencia financiera. El apóstol Pablo le recuerda a Timoteo que instruya a los ricos para "que hagan bien, que sean ricos en buenas obras, generosos y prontos a compartir" (1 Ti. 6:18). El apóstol Juan no podía imaginar a un cristiano que no diera a un hermano en necesidad, porque hacerlo indicaba una falta de amor a Dios (1 Jn. 3:17-18). Como el apóstol Santiago escribió: "La religión pura y sin mancha delante de *nuestro* Dios y Padre es ésta: visitar a los huérfanos y a las viudas en sus aflicciones" (Stg. 1:27).

Dar de nuestros bienes demuestra amor

Una segunda motivación para el acto de dar es el amor hacia Dios y hacia el prójimo. Según Cristo Jesús, el primero y grande mandamiento es: "Amarás al Señor tu Dios con todo tu corazón, y con toda tu alma, y con toda tu mente… Y el segundo es semejante: Amarás a tu prójimo como a ti mismo" (Mt. 22:37, 39, RVR-1960). El apóstol Juan escribe que los cristianos deben amar a Dios y a los demás, porque Él nos amó primero, con lo que señala que es imposible amar a Dios y no amar a nuestros hermanos (1 Jn. 4:19-21). Una manera en que los creyentes pueden manifestar ese amor es dando de sus bienes para la obra de Dios, pues así atienden a las necesidades materiales de los demás.

Un ejemplo práctico en la Biblia de amar a los demás es la acción de proveer ayuda y hospitalidad para los demás hermanos en Cristo. En su carta a la iglesia de Roma, el apóstol Pablo anima a los creyentes: "contribuyendo para las necesidades de los santos, practicando la hospitalidad" (Ro. 12:13, NBLH). Cuando fue enviado a predicar entre los gentiles, Pablo declara que él mismo estaba dispuesto a ayudar a los pobres (Gá. 2:10). De manera similar, el autor del libro de Hebreos escribió: "Y no se olviden ustedes de hacer el bien y de la ayuda mutua (compartir), porque de tales sacrificios se agrada Dios" (He. 13:16). El apóstol Juan pregunta retóricamente: "Pero el que tiene bienes de este mundo, y ve a su hermano en necesidad y cierra su corazón contra él, ¿cómo puede morar el amor de Dios en él?" (1 Jn. 3:17). Es evidente que los creyentes deben ser motivados por el amor —en lugar de, como enseña el evangelio de la prosperidad, el deseo de prosperidad personal— y deben darse cuenta de que cuando ayudan a los necesitados sirven en efecto al Señor (Pr. 19:17; Mt. 25:34-36).

El acto de dar glorifica a Dios

Una tercera motivación para el acto de dar radica en que trae gloria a Dios. Los cristianos deben utilizar sus posesiones para mostrar al mundo que

Dios y su reino son más importantes que las cosas de este mundo. Cuando los creyentes den generosamente para ayudar a los demás, la gente responderá glorificando a Dios. Jesús enseña a sus oyentes a obedecer para que el mundo vea "sus buenas acciones y glorifiquen a su Padre que está en los cielos" (Mt. 5:16). Juan reitera esta verdad cuando escribe: "En esto es glorificado Mi Padre, en que den mucho fruto, y *así* prueben que son Mis discípulos" (Jn. 15:8). Del mismo modo, Pedro anima a sus lectores a que: "Mantengan entre los Gentiles (incrédulos) una conducta irreprochable, a fin de que en aquello que les calumnian como malhechores, ellos, por razón de las buenas obras de ustedes, al considerar*las*, glorifiquen a Dios en el día de la visitación (del juicio)" (1 P. 2:12). De estos versículos se desprende claramente que uno de los propósitos de dar es glorificar a Dios.

El acto de dar es consecuencia del evangelio

Una cuarta motivación para el acto de dar es el mismo evangelio. Su adecuada comprensión motivará a los cristianos a dar de sus bienes. Cuando el evangelio se arraiga en la vida de las personas, cambia el punto de vista acerca de los bienes materiales. A menudo, los cristianos viven con la ilusión de que lo que poseen, en realidad, les pertenece a ellos. La verdad, sin embargo, es que Dios es el único propietario de todas las cosas. En los Salmos, Dios dice: "Porque mío es el mundo y su plenitud" (Sal. 50:12), y el profeta Hageo nos deja constancia de esa declaración del Señor: "Mía es la plata, y mío es el oro" (Hag. 2:8). David explicó que Dios, el Creador del universo, es la fuente suprema de riquezas, honor y poder (1 Cr. 29:11-12). Por tanto, el papel del cristiano consiste en reconocer que Dios es el dueño de todas las cosas y que el cristiano debe ser un fiel mayordomo de los recursos del Señor.

> LOS CRISTIANOS DEBEN UTILIZAR SUS POSESIONES PARA MOSTRAR AL MUNDO QUE DIOS Y SU REINO SON MÁS IMPORTANTES QUE LAS COSAS DE ESTE MUNDO.

El evangelio cambia a las personas, y la generosidad es uno de los mejores indicadores de la condición del corazón. Jesús entendió bien este principio. Cuando pasaba por la ciudad de Jericó, Jesús se detuvo para hablar con un rico recaudador de impuestos llamado Zaqueo (Lc. 19:1-10). Antes de que Zaqueo tuviera tiempo para reflexionar sobre cómo el Señor sabía su nombre, Jesús anunció su intención de cenar con él. Más tarde, en la presencia de Jesús, Zaqueo prometió dar la mitad de sus bienes y compensar a todo aquel que había engañado. Después de este anuncio, Jesús dijo: "Hoy ha venido la salvación a esta casa, ya que él también es hijo de Abraham; porque el Hijo del Hombre ha venido a buscar y a salvar lo que se había perdido" (Lc. 19:9-10). Fíjese que la prueba externa de la salvación de Zaqueo fue su generosidad. Para Zaqueo, el acto de dar reflejaba la realidad de un nuevo corazón que amaba a Jesús más que las riquezas.

La Biblia habla a menudo sobre las posesiones, porque Dios sabe que sus hijos pueden llegar a sentirse atraídos por las cosas de este mundo. Las finanzas de una persona, sus talentos y su tiempo, todo ello compite con Dios en cuanto a la adoración. La gente no puede amar a Dios y al dinero, porque Dios no puede compartir su gloria. Jesús lo enseñó claramente: "Ningún siervo puede servir a dos señores; porque o aborrecerá a uno y amará al otro, o se apegará a uno y despreciará al otro. No pueden servir a Dios y a las riquezas" (Lc. 16:13).

Jesús no solo dice que el dinero compite con Dios por nuestra atención, sino que establece también una relación explícita entre el amor a Dios, nuestro corazón y nuestras posesiones. Él dice: "porque donde esté tu tesoro, allí estará también tu corazón" (Mt. 6:21). Su argumento es que lo que usted valora en mayor medida muestra a qué o a quién ama más. En qué gasta su tiempo, talentos y dinero refleja lo que usted piensa que es más importante en la vida. Su talonario de cheques, calendario y actividades son declaraciones teológicas acerca de lo que usted valora más. Demostramos, por el uso que hacemos de los recursos, que Dios y el evangelio son mucho más importantes que las riquezas. El acto de dar de nuestros bienes es un reflejo externo de la condición interna del corazón.

Cuando el evangelio de la gracia echa raíz en nuestro corazón, nuestra visión de la eternidad cambia. La verdadera ciudadanía y destino de los cristianos está en los cielos nuevos y tierra nueva (Fil. 3:20). Esto no quiere decir que los creyentes deban descuidar sus responsabilidades en el aquí y ahora. La Iglesia ha recibido el encargo de llevar el evangelio a este mundo. En otras palabras, los cristianos no deben ser como el hombre exitoso en la parábola de Jesús, que edificó graneros más grandes para hacer su vida más segura (Lc. 12:13-21). Cristo dijo que este hombre era un necio por pensar de esa forma presuntuosa, porque aquel hombre iba a morir aquella noche. El significado de la parábola de Jesús es el siguiente: los que acumulan tesoros terrenales para sí mismos y ponen su confianza en eso, en lugar de en Dios, son necios. Ciertamente, acumular dinero para uno mismo no es una opción para el cristiano.

Cuando buscamos las cosas de este mundo, nos distraemos de nuestra búsqueda de Dios. Reemplazamos a Dios con las cosas de su creación y coqueteamos con las cosas de este mundo para obtener satisfacción. En vez de encontrar aceptación en el evangelio, acumulamos posesiones terrenales para ganar la aceptación de las personas. El evangelio, sin embargo, nos libera de la búsqueda de la seguridad y de la satisfacción en las cosas de este mundo.

EL ACTO DE DAR TRAE COMO RESULTADO RECOMPENSAS

La quinta motivación para el acto de dar son las recompensas. A primera vista, las recompensas como motivación puede parecer egoísta, pero las mismas Escrituras ofrecen esa motivación. Cada creyente será juzgado por su mayordomía fiel en el tribunal de Cristo (1 Co. 3:12-15; 2 Co. 5:10). Las recompensas se distribuirán a aquellos que administraron fielmente lo que Dios les dio, lo cual incluye sus dones, tiempo y posesiones. Aunque los detalles exactos son escasos en las Escrituras, las recompensas celestiales consistirán, al parecer, en coronas y diferentes niveles de responsabilidad en el cielo (Lc. 19:16-19; 2 Ti. 4:8). Este concepto de dar para recibir una recompensa celestial debe distinguirse del evangelio de la prosperidad. Erwin Lutzer, pastor de la Iglesia Moody en Chicago, explica: "Por supuesto, las buenas obras que hacemos después de nuestra conversión no tienen mérito en sí mismas, tienen mérito porque estamos unidos a Cristo. Él toma nuestras obras imperfectas y las hace agradables al Padre. Además, no debemos pensar que Dios tiene que pagar como un jefe que tiene la obligación legal de pagar a sus empleados… Hacemos nuestras buenas obras solo porque Dios nos da el deseo y la capacidad para hacerlas. Son un don de su gracia para nosotros".[1]

Ciertamente, el concepto de la recompensa es bíblico, pero queda la pregunta de si estos beneficios son espirituales o materiales en naturaleza. El evangelio de la prosperidad afirma que las recompensas son, sobre todo, materiales y las recibimos en la tierra, pero la Biblia destaca la naturaleza espiritual de las recompensas. Las Escrituras enseñan que podemos ser recompensados por ser perseguidos en nombre de Cristo (Lc. 6:23); por trabajar con diligencia para nuestro patrón (Col. 3:23-24); por amar a nuestros enemigos (Lc. 6:35); por ayudar a los pobres (Lc. 14:12-14); por las buenas obras en general (Mt. 6:1) y por la fe en Dios (He. 11:6). En cada uno de estos ejemplos, la naturaleza de la recompensa es espiritual y le espera al creyente en los cielos nuevos y tierra nueva.

---

1. Erwin W. Lutzer, *Your Eternal Reward: Triumph and Tears at the Judgment Seat of Christ* (Chicago: Moody, 1998), 14.

Los cristianos también pueden ser recompensados por dar generosamente. Escribiendo acerca de una ofrenda de amor futura, Pablo recuerda a los corintios: "el que siembra escasamente, escasamente también segará; y el que siembra abundantemente (con bendiciones), abundantemente (con bendiciones) también segará" (2 Co. 9:6). Asimismo, Pablo instruye a Timoteo para que les recuerde a los ricos que pongan su esperanza en Dios, en lugar de en las riquezas terrenales. Timoteo tenía que animar a los ricos para "que hagan bien, que sean ricos en buenas obras, generosos y prontos a compartir, acumulando para sí el tesoro de un buen fundamento para el futuro, para que puedan echar mano de lo que en verdad es vida" (1 Ti. 6:18-19). De manera similar, Jesús exhorta a sus seguidores a concentrarse en acumular tesoros en el cielo y no en la tierra (Mt. 6:19-20). Los tesoros terrenales son temporales y vacíos, mientras que los tesoros celestiales son eternos y satisfactorios.

Existen grandes diferencias entre la promesa bíblica de recompensa por el hecho de dar y el evangelio de la prosperidad. El evangelio de la prosperidad hace hincapié en las recompensas como si fueran la única motivación para dar, y las ve en naturaleza como presentes y materiales, en lugar de futuras y espirituales. Este falso evangelio convierte la gracia de Dios en una ley que Él mismo debe obedecer. Mientras que Dios, en ocasiones, recompensa a los creyentes con bendiciones financieras, Él no está obligado a hacerlo. Los cristianos deben dar a Dios como expresión de un corazón lleno de amor, sabiendo que Él les recompensará según crea conveniente. A diferencia del mensaje de la teología de la prosperidad, el concepto de la recompensa en las Escrituras se centra fundamentalmente en las bendiciones espirituales en los cielos nuevos y tierra nueva, en lugar de la prosperidad personal en el aquí y ahora.

¿Cuánto deben dar los cristianos?

Si bien los evangélicos pueden estar en desacuerdo acerca de si el diezmo es obligatorio para los cristianos de hoy, todos coinciden en que dar con generosidad es un mandato bíblico.

El acto de dar antes de la ley mosaica

En el Antiguo Testamento, dos pasajes mencionan el diezmo antes de la promulgación de la ley mosaica: Génesis 14:17-20 y Génesis 28:20-22. En el primero, después de la victoria en la batalla, Abraham (Abram) dio voluntariamente al sacerdote Melquisedec un diezmo del botín de guerra, quizá como una expresión de gratitud. Puesto que él dio el diezmo de la propiedad que había recuperado de la guerra (He. 7:4), Abraham diezmó de los bienes de otras personas, no de sus propios ingresos. Este acto de dar parece ser un suceso único. No hay evidencia en la narración bíblica que sugiera que Dios le ordenó a Abraham dar el diezmo o que él lo diera con regularidad de sus propios ingresos.

En el segundo pasaje, Génesis 28:20-22, Jacob, al huir de su hermano Esaú, hizo un voto de dar el diezmo a Dios en respuesta a un sueño. En el sueño, Dios le prometió una tierra, descendencia, seguridad, así como que Él le acompañaría (Gn. 28:13-15). Jacob, aparentemente, dudó de las promesas de Dios y le respondió que si Él le concedía seguridad, le proporcionaba alimento y vestido, y lo traía de vuelta a casa de su padre en paz, entonces el Señor sería su Dios. Jacob también le prometió a Dios una décima parte de lo que recibiera de Él. Aunque Dios cumplió sus promesas, cuando Jacob regresó a Betel dos décadas después, no hay ninguna mención de que diera el diezmo (Gn. 35:1-15). Al igual que con el relato de Abraham y Melquisedec, es difícil desarrollar una ética clara para los diezmos basándonos en la narración de la huida de Jacob y de su regreso a Canaán.

El acto de dar bajo la ley mosaica

Dentro de la ley mosaica, numerosos pasajes tratan y prescriben la ofrenda formal para el pueblo de Dios. La mayoría de ellos implican el diezmo. La ley mosaica especifica tres tipos de diezmos que debían practicar los israelitas: un diezmo que permitiera a los levitas ministrar en el tabernáculo o templo a tiempo completo, el diezmo del festival para el viaje a Jerusalén para adorar a Dios, y un diezmo conocido como el diezmo del pobre o de asistencia social. Este tercer tipo de diezmo se recogía cada tres años y debía distribuirse a los levitas, los necesitados, los extranjeros, los huérfanos y las viudas.

Con base en estos tres diezmos diferentes, cada familia daba al año, por lo menos, un 20 por ciento de sus bienes al Señor, con un 10 por ciento adicional cada tres años. Eso no incluía otras prácticas de dar especificadas en la ley mosaica, como el impuesto del tabernáculo o templo, los derechos de espigar, las ofrendas sacrificiales, y otras formas de benevolencia (Éx. 30:11-16; Lv. 19:9-10; 2 Cr. 24:6-10; Neh. 10:32-33; Mt. 17:24-27).

El acto de dar después de la ley mosaica

Muchos pasajes del Antiguo Testamento después de la ley mosaica mencionan el acto de dar, pero la mayoría se centra en llamar al pueblo de Dios a volver a las normas de ofrendar prescritas en la ley. Malaquías 3:8-10 dice: "¿Robará el hombre a Dios? Pues ustedes Me están robando. Pero dicen: '¿En qué Te hemos robado?' En los diezmos y en las ofrendas. Con maldición están malditos, porque ustedes, la nación entera, Me están robando. Traigan todo el diezmo al alfolí, para que haya alimento en Mi casa; y pónganme ahora a prueba en esto; dice el Señor de los ejércitos, si no les abro las ventanas de los cielos, y derramo para ustedes bendición hasta que sobreabunde".

Aunque puede ser tentador usar este pasaje para insistir en que los creyentes contemporáneos den un 10 por ciento, hay que tener en cuenta el contexto de Malaquías 3:8-10. Malaquías es un profeta del Antiguo Testamento que confronta a la nación de Israel por su violación de la ley mosaica. Malaquías 3:8-10 es un llamado al arrepentimiento del pecado de alejarse de Dios. Un principio válido, a partir de este texto, es que el acto de dar puede utilizarse para medir el amor y la devoción a Dios. Si el creyente es fiel y generoso en dar a la obra de Dios, eso se refleja positivamente en su madurez espiritual. Si se descuida en dar, eso demuestra una falta de amor o de adoración a Dios. Esta aplicación refleja el deseo de Dios de ser adorado y es un principio eterno que se repite en el Nuevo Testamento.

El acto de dar en el Nuevo Testamento

Sorprende un poco que el Nuevo Testamento no prescriba un método formal ni cuánto deben dar los cristianos. Aunque algunos han argumentado que el diezmo debe considerarse como la norma para los creyentes contemporáneos, solo tres pasajes en el Nuevo Testamento mencionan el diezmo: Mateo 23:23, Lucas 18:12 y Hebreos 7:1-10.

En Mateo 23:23, Jesús reprendió a los fariseos por dar el diezmo de sus especias, pero hacer caso omiso de los asuntos tan importantes como la justicia, la misericordia y la fidelidad. En Lucas 18:9-14, Jesús cuenta una parábola acerca de un fariseo que oraba en el templo. En su oración, el fariseo se jactaba de su diezmo. Sin embargo, la referencia al diezmo en este pasaje es, en gran parte, incidental. Estos versículos ofrecen poca ayuda para un estudio sobre el diezmo, porque los fariseos no eran cristianos, sino judíos bajo la ley mosaica.

Una mención final del diezmo se encuentra en Hebreos 7:1-10. En este pasaje, el autor de Hebreos argumenta que Jesús es un sacerdote según el orden de Melquisedec. El autor sostiene que el sacerdocio de Melquisedec es superior al sacerdocio levítico y, por tanto, el sacerdocio de Jesús es superior al de Leví. El propósito principal de este pasaje no consiste en enseñar acerca del diezmo.

El Nuevo Testamento, pues, guarda bastante silencio con respecto al diezmo. En sus diversos escritos, Pablo, Pedro, Juan y Judas no lo mencionan. Algunos pueden argumentar que, dado que el diezmo nunca es abolido en el Nuevo Testamento, sigue en vigor. Esa conclusión implica preguntas sobre la aplicación de la ley del Antiguo Testamento en el Nuevo Testamento, cuestiones que quedan fuera del alcance de este libro.

Independientemente de nuestra opinión sobre el diezmo, los evangélicos están de acuerdo en que, para la mayoría de los creyentes, el acto de dar generosamente a su iglesia local es un buen lugar para empezar. Si bien el Nuevo Testamento no parece prescribir un método formal y legalista, o cuánto deben dar los creyentes, sí ofrece una serie de principios que la mayoría de los evangélicos adoptan —a pesar de los diferentes puntos de vista sobre el diezmo—, principios que deberían animar a muchos a dar más del 10 por ciento.

Principios para el acto de dar

Dos de los pasajes más señalados en el Nuevo Testamento que se ocupan del acto de dar aparecen en las cartas de Pablo a la iglesia de Corinto. El primero está en 1 Corintios 16:1-2, donde el apóstol escribe: "Ahora bien, en cuanto a la ofrenda para los santos, hagan ustedes también como instruí a las iglesias de Galacia. Que el primer *día* de la semana, cada uno de ustedes aparte *y* guarde según haya prosperado, para que cuando yo vaya no se recojan entonces ofrendas". El segundo, que es muy largo para citarlo aquí en su totalidad, abarca todo 2 Corintios 8—9. Utilizando 1 Corintios 16:2 como un precepto básico, podemos extraer cinco principios de estos dos pasajes.

Primero, el acto de dar debe ser periódico. Pablo escribe a los corintios: "El primer *día* de la semana..." (1 Co. 16:2). Existe amplia evidencia bíblica de que la iglesia primitiva se reunía el domingo de cada semana (Jn. 20:26, Hch. 20:7; He. 4:9-10; Ap. 1:10). Pablo comienza sus instrucciones sobre el acto de dar, señalando que los cristianos de Corinto debían ofrendar cuando se reunían cada semana. Esa práctica evitaría que los fondos faltaran cuando se necesitaban (2 Co. 8:10-14; 9:3-5). En los tiempos modernos, algunos creyentes no cobran semanalmente, pero, aunque sea mensualmente, todavía pueden dar periódicamente.

Segundo, el acto de dar debe ser personal. Pablo sigue sus instrucciones a los corintios, al decir: "cada uno de ustedes..." (1 Co. 16:2). Cada cristiano debe dar, pues dar generosamente es una respuesta personal al don inefable de Dios, Jesucristo (2 Co. 8:1-2, 9; 9:15). Dios dio a su único Hijo para expiar el pecado, para reconciliar al hombre con Dios, y para dar vida eterna a aquellos que se arrepienten y creen. Jesús vino al mundo para que nosotros fuésemos hechos eternamente ricos a través de la fe en Él (2 Co. 8:9). La gracia de Dios para con nosotros se convierte en una motivación para dar, y dar generosamente es una expresión tangible de nuestro amor a Dios.

Tercero, el acto de dar debe ser planificado. Pablo instruye a los corintios: "aparte *y* guarde..." (1 Co. 16:2). El apóstol está llamando a que haya reflexión e intención en lo que respecta a ofrendar. Pablo no hace un alegato emocional mediante historias desgarradoras, no apela a la culpa, ni tampoco respalda un tipo de ofrenda esporádica e impulsiva. En 2 Corintios, el apóstol se refiere a una acción planificada e intencional cuando habla de dar con una "voluntad dispuesta" (2 Co. 8:12).

Cuarto, el acto de dar debe ser proporcional. Pablo señala que cada creyente ofrende "según haya prosperado" (1 Co. 16:2). Más tarde, en 2 Corintios 8:3, el apóstol anima a la iglesia a dar "conforme a sus fuerzas", o de acuerdo a lo que cada uno posee. Las personas con mayores ingresos pueden dar más que los que tienen menos. Pablo no quiere que los creyentes den por un sentido de obligación, sino en forma proporcional, de buena gana y con alegría (2 Co. 9:7). Fíjese que dar de esa manera es solo posible cuando uno entiende el evangelio y ama a Dios más que las posesiones terrenales.

Quinto, el acto de dar debe ser generoso. Pablo concluye su instrucción: "...para que cuando yo vaya no se recojan entonces ofrendas" (1 Co. 16:2). Dar con generosidad es un signo de madurez espiritual y de amor sincero. Pablo reta a la iglesia a demostrar la sinceridad de su amor a sus hermanos, dando de tal manera que se satisfagan sus necesidades. El amor verdadero hacia Dios y el crecimiento en la vida cristiana es el resultado de un corazón generoso. Un corazón dedicado a Cristo no puede dejar de ser generoso con Dios y su pueblo, lo que a menudo lleva al creyente a dar más de un 10 por ciento.

¿A quién deben dar los cristianos?

En los Estados Unidos, numerosas organizaciones respetables piden donativos a los cristianos: iglesias, ministerios de televisión, organizaciones misioneras, organizaciones benéficas locales, grupos cívicos locales, instituciones educativas, entre muchas otras. ¿Cómo se puede elegir entre las posibilidades y dar con responsabilidad de una manera bíblica? Sorprende que las Escrituras no orienten específicamente a los creyentes dónde deben dar el dinero. Lo que hace, sin embargo, es proporcionar sabiduría que puede guiar a los cristianos en sus donativos. El Nuevo Testamento revela tres categorías de apoyo económico.

La primera y, sin duda, la más importante es el

apoyo a la iglesia local. Pablo enseña que el anciano es digno de su salario (Gá. 6:6; 1 Ti. 5:17-18). Un anciano o pastor puede esperar, con razón, que la iglesia a la que sirve lo sostenga económicamente. Sin embargo, un anciano no tiene necesariamente que depender de la iglesia, pues puede servirla en forma bivocacional y recibir poca o ninguna ayuda de la iglesia. El apóstol Pablo optó por dedicarse a la tarea de hacer tiendas, en lugar de recibir sostenimiento de parte de todas las iglesias a las que ministró (Hch. 18:1-3; 20:33-35; 1 Co. 9:6, 12, 15; Fil. 4:14-16).

Si bien existe una razón bíblica para apoyar económicamente a la iglesia, también hay razones prácticas. La mayoría de las iglesias necesitan fondos para pagar las facturas de los servicios públicos, mantenimiento, equipos, materiales, etc. Más importante aún, la iglesia local es el lugar donde se ministra al cuerpo de Cristo, a la comunidad y al mundo, al sostener financieramente a misioneros, organizaciones benéficas cristianas locales, y los que tienen necesidades en la congregación. Al dar dinero a su iglesia local, usted también proporcionará fondos para el ministerio de alcance evangelizador y otros ministerios que sirven a la comunidad. Al final, usted sabe que su dinero va a apoyar una iglesia de sana doctrina que utiliza el dinero sabiamente. Sin duda alguna, al dar dinero, su iglesia local debe ser su primera prioridad.

Segundo, usted puede donar a otras organizaciones cristianas. Esto incluiría organizaciones misioneras, grupos paraeclesiásticos e individuos que participan en esos ministerios (3 Jn. 5-8). Es de esperar que su iglesia local y denominación ya estén relacionadas con algunos de esos ministerios, pero, obviamente, la iglesia local no puede hacerlo todo. Por tanto, usted puede ayudar por su cuenta al centro de planificación familiar de la comunidad, a un ministerio para los huérfanos, o a un amigo misionero que sirve en el extranjero. Una palabra de advertencia, sin embargo, es que apoyar financieramente a otras organizaciones cristianas no debería usurpar el lugar de la iglesia. Con demasiada frecuencia, otras organizaciones y ministerios compiten por nuestros donativos y, si no somos cuidadosos, nuestra iglesia puede quedar descuidada. Por desgracia, esto sucede muy a menudo con ministerios televisivos del evangelio de la prosperidad. Muchas personas envían más dinero a un telepredicador que ven una vez por semana, que lo que dan a su iglesia local. Esta forma de dar dinero no es sabia.

Tercero, es importante dar dinero a los que están en necesidad. Esto incluye a creyentes y a no creyentes que tengan verdaderas necesidades materiales. La Biblia es clara en cuanto a que la comunidad de la fe debe ayudar a los pobres. Hemos de ser prudentes, pero abiertos para usar lo que Dios nos ha dado para satisfacer las necesidades de las personas de nuestra iglesia y de la comunidad (Gá. 6:10; 2 Ts. 3:6-10; He. 10:32-34; 13:1-3; Stg. 2:15-16; 1 Jn. 3:17).

Independientemente de la cantidad, es importante dar dinero a ministerios que exaltan a Cristo y que muestran transparencia en su funcionamiento financiero. Una organización cristiana que se niega a hacer públicos sus balances financieros y no sigue las prácticas normales de contabilidad da una clara señal de alarma, y los donantes nunca pueden estar seguros de cómo gasta su dinero esa organización. Como cristianos, tenemos la responsabilidad ante

Dios de ser buenos mayordomos en todas las áreas de las finanzas, lo que incluye nuestras donaciones a ministerios honrados y doctrinalmente correctos. Nada puede justificar dar a ministerios que promueven doctrinas heréticas.

CONCLUSIÓN

Los maestros de la prosperidad tienden a centrar su mensaje en las recompensas materiales inmediatas del acto de dar. Al hacerlo, promueven un motivo no bíblico para contribuir financieramente. En lugar de centrarse en el evangelio como el fundamento para dar, los defensores del evangelio de la prosperidad piden a los fieles dar a su ministerio, a fin de recibir bendiciones materiales. Por el contrario, cuando se proclama correctamente el evangelio de Cristo, sirve como un catalizador para donativos generosos que honran a Dios y que dan como resultado bendiciones espirituales futuras. Aunque la cantidad entregada no es de poca importancia, incluso más importante es la actitud del corazón. De hecho, como Pablo instruyó a la iglesia de Corinto: "Dios ama al dador alegre" (2 Co. 9:7). Cuando damos con alegría a la iglesia y a los ministerios cristianos que son fieles a la Palabra de Dios, demostramos de una manera tangible nuestro amor por Dios.

RESUMEN DE ENSEÑANZAS

- Las razones por las que los cristianos contribuyen financieramente son para obedecer, para demostrar amor y para glorificar a Dios; y también, porque es un resultado del evangelio y porque al final trae recompensas.

- Contrario a lo que proclama el evangelio de la prosperidad, el énfasis bíblico para dar dinero no está en recompensas físicas presentes, sino en futuras recompensas espirituales.
- Los evangélicos no se ponen de acuerdo sobre el concepto del diezmo, pero todos coinciden en que el dar generosamente es un mandato bíblico.
- Los cristianos deben dar fielmente a la iglesia local, a otras organizaciones cristianas y directamente a quienes están en necesidad.

Conclusión

Permítanos sugerirle cinco preguntas que le ayudarán a detectar la influencia de las ideas del evangelio de la prosperidad.

1. ¿Quién es Dios?

La Biblia enseña que Dios es eterno y digno de nuestra adoración (Is. 43:7; 1 Co. 10:31). Él ejerce un control completo sobre el mundo (Gn. 1:1; Is. 48:11). Existimos para servir y adorar a Dios. Él es soberano y siempre lleva a cabo sus propósitos (Is. 46:8-11). Dios dirige nuestros pasos y hace que todas las cosas sirvan para bien (Pr. 16:9; Ro. 8:28-30). Cuando las personas piensan que Dios existe para servirles y concederles sus deseos, están usurpando su lugar.

2. ¿Cuál es el propósito del sufrimiento, y cómo reacciono yo cuando sufro?

Cuando usted sufre, ¿le culpa a Dios? Cuando viene el sufrimiento, ¿cree que no se lo merece porque usted ha sido diligente y fiel en obedecer a Dios? Ese pensamiento está enraizado en el evangelio de la prosperidad. Según ese evangelio, usted tiene el control de su propio destino y el sufrimiento es una indicación de que usted ha fallado en utilizar los medios divinos de bendición. En contraste, la Biblia enseña que el sufrimiento es una consecuencia de vivir en un mundo caído, pero que Dios Todopoderoso lo convierte en un instrumento para hacernos más semejantes a Cristo. Él obra en todas las cosas de nuestras vidas para sus propósitos (Ro. 5:1-5; 8:16-18).

3. ¿Qué me merezco en la vida?

El evangelio de la prosperidad dice que usted tiene derecho a una buena vida: buena salud, relaciones beneficiosas, abundantes recursos y gran éxito. Sin embargo, la Biblia enseña que debemos estar contentos con la comida y la ropa (1 Ti. 6:8). Cualquier cosa más allá de eso es pura gracia. Todos somos pecadores y merecemos la condenación eterna, pero Dios en su amor y misericordia envió a su Hijo, Jesús, para morir en la cruz en nuestro lugar, lo que hace posible la salvación para todos los que creen (Ro. 3:23; 5:8; 10:13). Se nos ha dado la vida eterna y todo lo demás en esta vida por la gracia de Dios (1 Cr. 29:10-13).

4. ¿Por qué me salvó Dios?

¿Le salvó Dios porque Él le necesita en su equipo o para que usted fuera famoso y rico? ¿Le salvó Dios para que pueda cumplir todos sus sueños? No. Dios le salvó debido a su gran amor por usted. Dios le salvó para que pudiera glorificarle a Él para siempre y para que Él pudiera mostrar su gracia por toda la eternidad (Is. 43:25; Ef. 2:4-10). Fuimos salvados para glorificar a Dios y para hacer buenas obras. Nosotros no nos merecíamos la salvación ni nos la podemos ganar.

5. ¿Por qué doy yo ofrendas a Dios?

¿Cuál es su motivación para dar a la iglesia, a organizaciones benéficas cristianas y a aquellos que lo necesitan? ¿Da usted con un corazón alegre, o espera que Dios le recompense por su generosidad? ¿Da para agradar a Dios, quien le ha dado a usted todo, o lo hace con el fin de ver si Dios se lo devuelve multiplicado? Si usted da a Dios con el fin de obtener algo de Él, entonces ha adoptado el pensamiento del evangelio de la prosperidad. La verdadera motivación para dar debería ser la gracia.

La forma en que una persona responde a estas preguntas puede revelar la influencia del evangelio de la prosperidad en su vida o su disposición hacia la teología de la prosperidad. Si tenemos en cuenta que el evangelio de la prosperidad es un mensaje centrado en uno mismo, no debe sorprendernos que este tipo de enseñanza sea muy popular, tanto dentro como fuera de la iglesia. Si usted acepta actualmente el evangelio de la prosperidad, o está abierto a sus ideales, lo animamos a evaluar ese evangelio a la luz de las Escrituras.

> Tuya es, oh SEÑOR, la grandeza y el poder y la gloria y la victoria y la majestad, en verdad, todo lo que hay en los cielos y en la tierra; Tuyo es el dominio, oh SEÑOR, y Te exaltas como soberano sobre todo. De Ti *proceden* la riqueza y el honor; Tú reinas sobre todo y en Tu mano están el poder y la fortaleza, y en Tu mano está engrandecer y fortalecer a todos. Ahora pues, Dios nuestro, Te damos gracias y alabamos Tu glorioso nombre. Pero ¿quién soy yo y quién es mi pueblo para que podamos ofrecer tan generosamente todo esto? Porque de Ti *proceden* todas las cosas, y de lo *recibido* de Tu mano Te damos... Oh SEÑOR, Dios nuestro, toda esta abundancia... procede de Tu mano, y todo es Tuyo (1 Cr. 29:11-16).